Mythes nordiques

R. I. Page

Mythes nordiques

TRADUIT DE L'ANGLAIS
PAR CHRISTIAN CLER

Éditions du Seuil

Titre original : *Norse Myths*
ISBN original : 0-7141-2062-6
Éditeur original : British Museum Publications Ltd.
46, Bloomsbury Street, Londres WC1B 3QQ, Angleterre

ISBN 979-10-414-1112-2
(ISBN 978-2-02-019539-3, 1re publication)

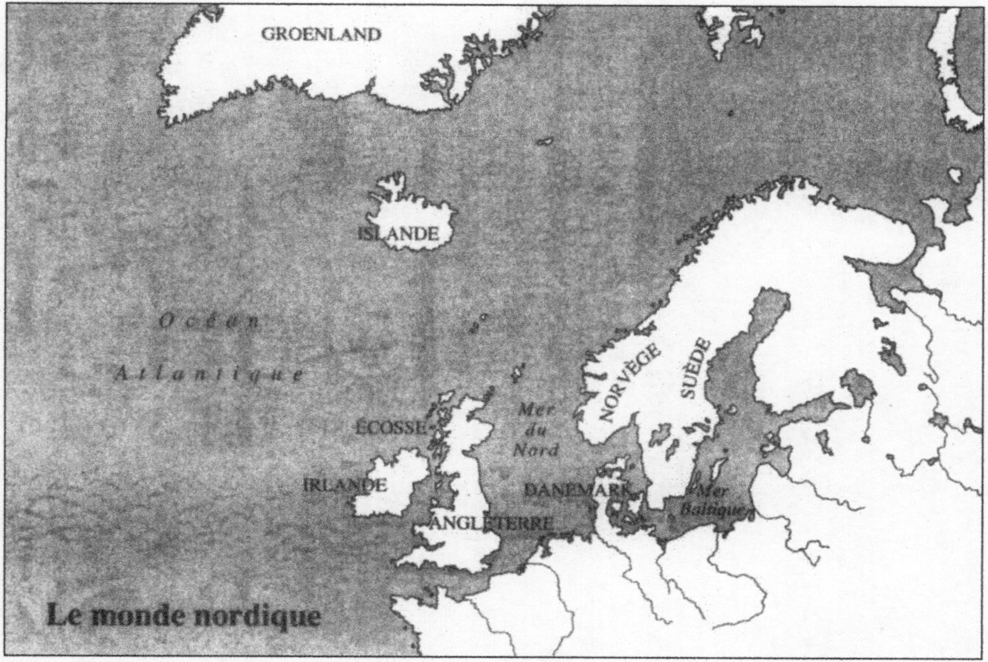

Le monde nordique

Introduction

Un mythe, remarque judicieusement l'*Oxford English Dictionary*, est un « récit purement fictif qui met le plus souvent en scène des êtres, actions ou événements surnaturels tout en exposant telle ou telle croyance populaire, afférente à des phénomènes naturels ou historiques » ; après quoi ce dictionnaire s'empresse de préciser que ce terme a fini par prendre le sens plus vague de « narration comportant des éléments imaginaires ». En ce qui me concerne, ma conception des « mythes » n'est ni aussi restrictive ni aussi large : je ne me rallie, *stricto sensu*, ni à la première ni à la seconde de ces définitions. Il est certain que la plupart des histoires qu'on lira dans ces pages auront trait à des créatures ou à des actions surnaturelles : elles renseigneront, en cela, sur l'univers mental des Nordiques païens (en tout cas, tel qu'il est décrit par les auteurs médiévaux).

Mais toutes ces histoires ne ressortissent pas pour autant à la seule catégorie de la fiction : car certains des combats, des meurtres ou des morts soudaines de héros évoqués dans le chapitre final s'enracinent dans de lointains événements dont l'historicité est incontestable. Il n'en demeure pas moins que la plupart des chapitres de ce livre traitent de mythologie et parlent des dieux ou déesses qu'adoraient les Vikings païens de l'ancienne Scandinavie. Quelques-uns de ces récits mythiques interprètent (ils furent élaborés, on peut le supposer, à seule fin de diffuser ces interprétations) des phénomènes aujourd'hui tenus pour naturels en des termes qui ne manqueront pas de réjouir les esprits mystiques ou irrationnels ; d'autres remplissent peut-être une fonction similaire, mais leurs allusions sont obscures, et seuls un anthropologue ou un folkloriste – ce que je ne suis pas – seraient peut-être susceptibles de percer leur sens : je ne puis, pour ma part, qu'émettre des hypothèses sur leur signification profonde ; et d'autres encore ressemblent à des contes écrits pour notre seul plaisir : il est probable que nombre de lecteurs modernes n'y verront rien d'autre qu'une simple occasion de divertissement.

Les documents dont on dispose attestent que les populations nordiques vénéraient une multitude de divinités. Beaucoup de ces dieux ou de ces déesses nous sont presque inconnus : ainsi, Ull, archer splendide, skieur émérite et valeureux combattant, ou Var, déesse qui

« écoutait les serments et enregistrait les accords passés entre les hommes et les femmes [...] puis punissait quiconque les rompait ». Pour le lecteur contemporain, les noms de ces divinités n'évoquent plus rien, mais il ne faut pas oublier que leurs exploits, tels ceux de leurs divins compagnons, furent sans doute contés dans des mythes désormais perdus. Même si l'on ne s'intéressera ici qu'aux plus éminents de ces dieux et déesses scandinaves, nous devons donc garder en mémoire que les mythes nordiques qui sont parvenus jusqu'à nous ne constituent qu'une toute petite partie – un échantillon aussi infime qu'aléatoire – d'un ensemble beaucoup plus vaste.

Les mieux connus de ces dieux se rattachent à la lignée des Ases, l'une des deux grandes familles divines du panthéon nordique. Le principal est Odin, père universel, dieu de l'inspiration poétique, des mystères et de la magie, patron des guerriers : c'était l'époux de la déesse Frigg, qui connaissait le destin de chaque être humain. Puis viennent plusieurs autres dieux, généralement présentés comme les enfants d'Odin : tout d'abord Thor, divinité guerrière qui défendait les Ases contre leurs ennemis naturels, les géants, et était le conjoint de Sif, dont on sait seulement qu'elle avait une chevelure d'or ; puis Bragi, dieu de l'éloquence et de la poésie, qui était uni à l'importante déesse Idunn, détentrice des pommes de l'éternelle jouvence ; le beau Baldr, compagnon de

Nanna mais aussi dieu malheureux, tué accidentellement par son frère aveugle Hod ; et enfin Tyr, sage et vaillant dieu de la guerre, qui perdit une main en enchaînant le terrible loup Fenrir. A ces divinités issues d'Odin s'ajoute le mystérieux Heimdall : c'était à la fois un gardien qui ne fermait jamais l'œil et le héraut de la bataille suprême à l'issue de laquelle les dieux de ce monde devaient périr. Et ce même Heimdall était aussi l'adversaire de Loki, étonnante entité mi-divine mi-démoniaque qui était le fils du géant Farbauti et le mari de la dévouée Sigyn ; mais Loki s'était accouplé également avec la géante Angrboda, qui lui avait donné une descendance particulièrement sinistre : à savoir, le loup Fenrir, le serpent cosmique Iormungand, et Hel, créature surnaturelle qui régnait sur les Enfers.

En plus de ces Ases existait un groupe de dieux dits Vanes, qui présidaient à la fertilité et à la prospérité : à cette lignée appartenaient Niord, Freyr et Freyia. Niord, dieu des navigateurs, des pêcheurs et des richesses, avait contracté mariage avec la géante Skadi, dont il s'était séparé, et les jumeaux Freyr et Freyia étaient ses enfants. Ces jumeaux étaient les divinités de la fertilité et des récoltes ; ils sont décrits tantôt comme formant un couple incestueux, tantôt comme ayant chacun trouvé un conjoint : il est dit aussi que Freyr épousa la géante Gerd, et Freyia, un personnage nommé Od.

A ce panthéon étaient enfin associées nombre de divinités mineures tels Hoenir, Kvasir, Gefion, Vali, Vili, Ve, Vidar, etc., ainsi que maintes autres créatures surnaturelles comme les nains, les elfes, les sorcières, les Nornes ou les Valkyries. Mais les plus grands ennemis des dieux étaient les *iǫtnar* (singulier : *iǫtunn*) ; si ce terme est habituellement traduit par « géants », l'appellation de « démons » ou de « trolls » conviendrait tout autant, car ces êtres étaient issus d'une race ancienne aussi affreuse que redoutable, en général animée des plus mauvaises intentions.

Concernant les textes que je citerai, j'ai préféré les traductions lisibles et élégantes à celles qui se voulaient fidèles en tout point à l'original – j'ai surtout suivi cette règle pour la poésie : je me suis efforcé de proposer des traductions qui fassent sens, tout en respectant au maximum la structure primaire des vers. Par ailleurs, il est toujours malaisé de rendre les noms ou termes vieux norrois dans la prose de nos langues modernes : certains choix sont arbitraires, et je conviens volontiers que ce travail n'évitera pas cet écueil. Le plus souvent, les noms de personnes ou de choses que j'écrirai en italiques reprendront la forme vieille norroise/islandaise « classique » : cette graphie contiendra parfois des lettres inhabituelles, dont les plus fréquentes seront le *Þ* et le *ð* que les Nordiques utilisaient pour produire les différentes sonorités du *th* anglais. Tandis que les vocables imprimés en caractères romains au milieu de passages en prose constitueront des adaptations de cette forme classique : ils ne comporteront ni terminaison flexionnelle ni accentuation, des consonnes latines remplaçant parfois leurs homologues scandinaves (j'écrirai ainsi « Odin » pour « Óðinn », changeant le *ð* en *d*). Cette procédure posera des problèmes occasionnels quand je citerai des formes latinisées : par exemple « Othinus » au lieu d'« Odin », ou « Frothi » pour « Frodi » (« Fróði ») ; et il m'arrivera de même de moderniser totalement quelques noms ou surnoms : il me semble absurde, en particulier, de parler d'« Eiric blodox » (« Eiríkr blóðøx ») plutôt que d'« Eric à la Hache sanglante » (en anglais : « Eric Bloodaxe »).

Sources et documents

Pour les oreilles anglaises, le mot « Nordiques » fait immédiatement penser aux Vikings, ces peuplades impitoyables et entreprenantes qui se répandirent durant trois siècles (entre 800 et 1100) dans les contrées situées à l'ouest et à l'est de la Scandinavie, les pillant, les colonisant, les conquérant, mais aussi commerçant avec elles, les développant et parfois même les civilisant. On sait avec certitude que ces aventuriers pratiquaient une religion païenne associée à une mythologie assez complexe, mais celles-ci sont mal connues, car les seuls documents « écrits » laissés par les Vikings eux-mêmes consistent en des inscriptions runiques qui parlent peu de leurs croyances et dépeignent encore moins leurs mythes : nos seules sources d'informations en la matière sont extérieures à la Scandinavie pour l'Age viking, ou postérieures à cet Age quand elles proviennent de l'intérieur de cette péninsule. Les textes extra-scandinaves, rédigés par des chrétiens qui n'avaient aucune sympathie pour les dogmes et mœurs des Vikings, sont rares et peu détaillés ; quant aux matériaux scandinaves ultérieurs, non seulement il est difficile de dire dans quelle mesure ils dérivent de fonds authentiquement vikings, mais ils sont souvent influencés par les modes de pensée et d'expression de l'Europe chrétienne.

Le christianisme s'est implanté tardivement sur la péninsule scandinave : la nouvelle religion, introduite par voie autoritaire au Danemark vers le milieu du Xe siècle, gagna la Norvège entre la fin de ce siècle et les premières décennies du XIe, avant de se diffuser finalement en Suède. Les Islandais, si l'on en croit leurs chroniqueurs médiévaux, se convertirent officiellement au christianisme aux environs de l'an mil. Les colons vikings établis dans d'autres régions purent être évangélisés plus tôt : les Nordiques installés en Est-Anglie battirent une monnaie frappée à l'effigie du saint roi Edmund deux décennies à peine après avoir martyrisé ce souverain (en 870), tandis que les colonisateurs de l'île de Man élevèrent des croix votives dès le Xe siècle – ils s'étaient déjà fondus par mariage, à cette date, dans la population autochtone, de race celte et de religion chrétienne ; mais ces christianisations n'en restent pas moins tardives si on les compare à celles de la plupart des peuples de l'Europe occidentale.

Bien entendu, rien n'indique que l'avènement du christianisme modifia radicalement les cultes ou croyances nordiques : on sait, par exemple, que les Irlandais d'origine scandinave pouvaient croire en même temps dans le Christ et en Thor, et il est donc permis de penser que les mythes chrétiens s'ajoutèrent aux mythes nordiques ou les interpénétrèrent bien plus qu'ils ne les évincèrent. Ainsi, la grande croix du XIe siècle qui se dresse dans le cimetière de l'église anglaise de Gosforth (Cumbrie) est ornée à la fois d'une scène de crucifixion gravée et de motifs qui semblent illustrer la bataille du *Ragnarǫk* ou les aventures de Loki ; cependant qu'un fragment de dalle trouvé à Andreas (île de Man) montre un bras de croix au-dessous duquel un personnage armé d'une lance est attaqué par une bête sauvage : il s'agit manifestement du dieu Odin et du loup Fenrir.

Les mythes des Vikings, pour ce qui est des sources directes et contemporaines, ne nous sont donc pas accessibles par des textes, mais seulement par des gravures et sculptures ; ou par des miniatures comme ces amulettes en forme de tête de marteau qui apparaissent sporadiquement sur les sites vikings, montrant à quel point la figure de Thor – dieu au marteau – était populaire ; ou par le témoignage encore plus contesté de ce groupe de figurines dans lesquelles certains reconnaissent des statuettes de dieux dotés de leurs attributs caractéristiques, alors que d'autres, plus prosaïques, n'y voient que les pièces d'un jeu de société. Il faut, pour découvrir cette mythologie sous des formes plus élaborées, tourner nos regards vers la Scandinavie médiévale de la période post-viking, en prenant en compte tous les risques de dégradation et de déformation qu'entraîne un tel décalage temporel.

L'*Edda poétique*

Nos informations, sur ce plan, proviennent de trois grandes sources. La première est l'*Edda poétique*, ensemble de textes sans lien apparent consistant en des poèmes plus ou moins courts. Ces œuvres sont collationnées pour la plupart dans le *Codex Regius*, manuscrit islandais sur vélin qui figura pendant des siècles parmi les trésors de la Bibliothèque royale de Copenhague avant que le gouvernement danois décide de le restituer à sa terre natale, en 1971 ; datant de la seconde moitié du XIIIe siècle (soit près de trois cents ans après la conversion de l'Islande au christianisme), ce *Codex Regius* comprend vingt-neuf poèmes, dont onze traitent de sujets mythologiques et seize (plus deux fragments) parlent des héros et héroïnes de l'antiquité germanique. A ce corpus s'ajoutent enfin des poèmes de forme ou de nature similaire préservés dans d'autres manuscrits, ainsi que quelques citations de vers disséminées dans des textes en prose : tout ce matériel, il convient de le noter pour éviter les conclusions trop hâtives, faisait partie intégrante d'une littérature versifiée dont ne subsistent plus aujourd'hui que des traces éparses.

Bien que l'on sache quand et où le *Codex Regius* fut rédigé, il est terriblement difficile, et peut-être même impossible, de déterminer les dates de composition et les lieux d'origine des poèmes eddiques qu'il contient. Car ce manuscrit réunit au hasard des œuvres écrites à des époques et en des lieux très divers : certains poèmes peuvent remonter au tout début de l'Age viking, d'autres semblent plutôt montrer comment la civilisation scandinave se médiévalisa au XIIe siècle de notre ère ; quelques-uns sont vraisemblablement norvégiens, d'autres paraissent provenir de colonies occidentales peut-être situées en Irlande ou au Groenland.

Si les vers eddiques sont stylistiquement très homogènes – leur organisation en strophes comme leur relative unité métrique leur confèrent une indéniable cohérence –, les poèmes mythologiques de l'*Edda poétique* diffèrent largement dans leur contenu comme dans leur agencement : ils consistent soit en des sortes de ballades hautement narratives qui content des aventures divines en faisant alterner des scènes hautes en couleur et des passages en style direct, soit en des successions de questions et de réponses rapportant des dialogues entre créatures surnaturelles, soit en des pots-pourris de proverbes ou d'énoncés sapientiaux attribués à telle ou telle divinité. Mais ces textes n'en partagent pas moins un point essentiel : cette poésie, si obscures que soient certaines de ses allusions (elle était destinée, il ne faut pas l'oublier, à des auditeurs qui disposaient d'informations aujourd'hui perdues), brosse un tableau incomparable des dieux et déesses nordiques.

Parmi les poèmes narratifs figure la *Þrymskviða*, qui met en scène le roi géant Thrym. Ce récit très simple commence par décrire le réveil de Thor : tendant le bras pour saisir son puissant marteau, ce dieu constate que l'objet a disparu – on le lui a volé ! Thor doit retrouver cette arme, car son pouvoir et sa sécurité sont en jeu : les géants, autrement, risqueraient de détruire le domaine des dieux. Loki, incarnation du mal qui sait aussi se montrer espiègle et malicieuse, se range aux côtés de Thor, et les deux compères se rendent donc chez la belle déesse Freyia, à qui ils comptent emprunter sa peau emplumée pour survoler les terres habitées. Freyia agréant à cette requête, Loki enfile la peau et s'envole d'Asgard (domaine des dieux) vers le royaume des géants. Il y rencontre Thrym, qui se vante devant lui d'avoir caché le marteau et lui déclare qu'il ne le rendra que si les dieux consentent à lui accorder la main de Freyia. Après quoi Loki vient rendre compte à Thor, et l'un et l'autre retournent voir la belle Freyia (la répétition de l'adjectif était un procédé classique des auteurs de ballades) pour lui annoncer qu'elle doit enfiler sur-le-champ une robe de mariée et partir immédiatement pour Iotunheim (domaine des géants) afin d'y épouser Thrym.

> Freyia en fut très courroucée. Elle s'étrangla de rage,
> Faisant trembler sous elle la salle des grands dieux
> Et brisant son collier rutilant en mille morceaux.
> « Suis-je donc si folle des hommes
> Qu'il me faille vous accompagner à Iotunheim ? »

Les dieux se réunissant à la hâte pour trouver une solution, le clairvoyant Heimdall a une idée de génie : il suffirait, dit-il, que Thor revête des atours féminins et se rende à Iotunheim en s'y faisant passer pour Freyia. Cette idée, dans un premier temps, ne plaît pas du tout à l'intéressé :

> Le robuste Thor dit :
> « Si je m'affuble ainsi d'une robe de mariée,
> Les dieux vont s'imaginer que je suis devenu
> homosexuel. »

Mais Thor finit par se laisser convaincre : il accepte de partir pour Iotunheim travesti en femme, accompagné d'un Loki déguisé en soubrette. L'astuce, curieusement, réussit à tromper Thrym et les géants, mais Thor fait presque échouer le plan lors du festin nuptial : il boit et mange tant que Thrym est horrifié par le monstrueux appétit de sa fiancée. Seule la présence d'esprit de Loki leur sauve la vie : il excuse la conduite de « Freyia » en expliquant qu'elle est si éprise de Thrym qu'elle n'a pu avaler le moindre morceau pendant de nombreux jours. Thrym, pressé d'achever la noce, se fait alors apporter le marteau sacré pour en bénir la jeune mariée : fou de joie, Thor s'empare de l'arme et entreprend d'exterminer la race des géants. Voilà comment ce dieu retrouva son marteau !

Ce récit est vif et plein d'humour. Il est drôle même si l'on ignore tout des dieux nordiques, mais la colère de Freyia est encore plus comique si l'on sait combien cette déesse de la fertilité et de l'amour charnel était réputée pour son goût de la volupté : elle était bel et bien « folle des hommes » ! Et cet humour nous renseigne en même temps sur les valeurs nordiques, car la répugnance de Thor, quand on lui propose de se travestir en femme, rappelle à quel point les hommes efféminés faisaient horreur aux Vikings : Thor n'était peut-être pas très intelligent, mais il était assurément viril et agressif. Le texte est si incisif que l'on est amené à se demander quelle sorte de poète put bien produire ces vers – nous savons seulement qu'ils durent être écrits avant la fin du XIIIe siècle… Un païen aurait-il pu se moquer ainsi de ces dieux dont il implorait par ailleurs le soutien ? Ou ce poème eut-il pour auteur un chrétien facétieux qui voulait tourner en dérision ces fausses divinités ? Dans cette dernière hypothèse, cette œuvre s'inspire-t-elle d'un mythe nordique antérieur, ou fut-elle composée de toutes pièces dans le seul but de ridiculiser une foi ancienne ? Le débat reste ouvert.

Le cas des *Hávamál* (Dits du Très-Haut) est tout aussi intéressant. Le poème est complexe, car il réunit des strophes hétéroclites qui furent regroupées dans un texte unique à une époque dont la datation est controversée : certains spécialistes considèrent que cette œuvre composite amalgame au hasard des vers très anciens dont le seul lien est de se rapporter au grand dieu Odin (le Très-Haut), d'autres la décrivent comme une compilation érudite qui aurait été éditée au XIIe siècle. Mais la plupart des chercheurs s'accordent à penser que ces *Hávamál* incluent des matériaux qui remontent probablement au premier Age viking : on peut donc estimer que la vision du monde des Vikings s'y exprime pleinement.

Ce poème, pour l'essentiel, cite des sentences proverbiales : il dispense des conseils utiles (prosaïques, même) sur la façon dont il convient de mener sa vie, traitant tour à tour de l'amitié, des obligations et bienfaits de la camaraderie, des devoirs de l'hospitalité, du prix de la prudence, de l'utilité de conserver son sang-froid, des types d'individus à qui l'on peut accorder sa confiance et de ceux dont il faut se méfier, de l'importance de la bonne réputation, etc. – matières dont on comprend qu'elles aient été associées à un dieu qui passait pour avoir une haute expérience des choses de ce monde. Mais s'ajoutent aussi à ces proverbes des éléments magiques tels que des chants et incantations – Odin était aussi le dieu de la magie –, ainsi que de plus rares séquences narratives.

Juste après un groupe de strophes sapientiales dédiées à un mystérieux Loddfafnir, et immédiatement avant une liste de recettes magiques attribuées à un personnage qui pourrait bien être Odin, figurent ces vers étonnants :

> Je sais que je suis resté pendu à l'arbre battu
> par les vents
> Neuf nuits entières,
> Transpercé par la lance, m'offrant à Odin,
> Moi-même à moi-même offert.
> De cet arbre nul ne sait
> Où plongent ses racines.
>
> Privé de pain, n'ayant pas de corne où boire,
> J'ai scruté le sol.
> J'ai étudié les runes, en hurlant je les ai étudiées
> Avant de retomber.

Ces strophes sont indéniablement mystérieuses : les auditeurs de ce poème devaient être capables de rattacher ces vers à un contexte précis (d'autant qu'ils étaient peut-être extraits d'un original plus long et plus détaillé), mais que pouvons-nous dire quant à nous de leur signification ? On en est réduit aux conjectures, car la littérature nordique, à ma connaissance, ne fournit nulle autre version de cet épisode mythique. On peut avancer, tout au plus, que ces lignes semblent décrire une sorte d'épreuve chamanique à laquelle Odin lui-même se serait soumis pour être initié aux arcanes de l'alphabet runique ; certes, cette hypothèse est corroborée par plusieurs données : on sait que, dans le grand temple suédois d'Uppsala, des animaux et des êtres humains étaient sacrifiés aux dieux en étant pendus aux arbres d'un bosquet sacré, comme on sait également qu'Odin était surnommé « Dieu des pendus », que la lance était son arme favorite, que cette divinité était versée dans l'art des runes et que la maîtrise de cette étrange écriture était censée conférer des pouvoirs surnaturels ; mais nul autre récit concernant Odin ne vient éclairer ce court et sibyllin passage des *Hávamál*. Cet épisode, par ailleurs, présente des analogies frappantes avec ce qu'il faut bien appeler la mythologie chrétienne : il fait penser au Christ crucifié, lui aussi tourmenté par la soif et le flanc percé par un fer de lance, manifestant la plénitude de sa divinité par son autosacrifice volontaire. Deux mythes distincts, différents malgré leurs similitudes, finirent-ils par fusionner ? Ou bien un mythe unique conquit-il un monde auquel il était originellement étranger ?

Le poème intitulé *Lokasenna* (Invectives de Loki) relève d'un troisième genre. Loki y est figuré sous les traits d'un être maléfique qui est rejeté par les autres dieux et déesses : ceux-ci ayant donné une fête à laquelle ils ont omis de le convier, il fait irruption dans la salle des festivités et lance des railleries cuisantes à chacun des présents. Suit un échange de propos indélicats émanant de Loki ou des autres membres de l'assemblée, chacune de ces tirades formant une strophe. Voici par exemple ce qu'on lit après que le dieu Tyr a pris la défense de Freyr :

Loki dit :
« Tais-toi, Tyr. Jamais tu n'as réussi
A réconcilier deux adversaires.
N'oublie pas cette main droite
Que le loup Fenrir t'a arrachée. »

A quoi Tyr répondit :
« Oui, j'ai perdu une main, mais, toi,
tu as perdu Hrodrsvitnir.
Chacun de nous endure des pertes cruelles.
Même le loup souffre : il doit attendre,
Enchaîné, que survienne la fin du monde. »

Ici apparaît un motif mythologique sur lequel la *Lokasenna* ne dit quasiment rien d'autre, mais on peut supposer encore une fois que l'auditeur de ces vers détenait des informations qui les rendaient riches de sens. On connaît heureusement l'histoire à laquelle renvoient ces allusions, car Snorri Sturluson (1179-1241) en présenta un résumé détaillé dans son *Edda en prose* : il raconte dans deux passages indépendants comment Tyr fut mutilé par le féroce loup Fenrir, qui semble aussi porter le nom ou le surnom de Hrodrsvitnir dans la *Lokasenna*. Tyr, affirme Snorri, était le plus valeureux des dieux, le patron des plus braves guerriers, tandis que Fenrir, comme on l'a vu, était le fils monstrueux de Loki et d'une géante. Des prophéties leur ayant appris que le loup et les deux autres enfants de Loki détruiraient un jour le monde, les Ases capturèrent l'animal dès son plus jeune âge pour en surveiller l'éducation, et seul Tyr eut le courage de s'occuper du louveteau. Tout se passa bien tant que la bête resta petite, puis les dieux prirent peur en découvrant à quel point Fenrir était devenu énorme, et ils décidèrent de l'enchaîner. Mais comment lui passer ces liens ? Usant d'un stratagème (détail qui montre que leur code moral n'excluait ni la traîtrise ni les ruses), ils persuadèrent le loup de se laisser entraver en lui faisant croire qu'ils cherchaient simplement à éprouver sa force : plus solide seraient les maillons de ses chaînes, plus grand serait son prestige s'il parvenait à les briser ; le monstre, hélas, réussit à se libérer.

Les dieux, après cet échec, demandèrent aux nains de leur forger une chaîne spéciale, composée de six éléments immatériels : les bruits de pas d'un chat errant, une barbe de femme, les racines d'une montagne, les tendons d'un ours, le souffle d'un poisson et la salive d'un oiseau. Ces excellents artisans acceptèrent la commande et, comme on peut s'en douter, le lien issu de leurs ateliers fut aussi fin que robuste. Les dieux, de nouveau, essayèrent de tromper le loup en lui déclarant que cette chaînette ne résisterait certainement pas à la force d'une créature qui avait pu se délivrer de liens de fer, mais leur argumentation se retourna d'abord contre eux, l'animal rétorquant qu'il ne voyait pas très bien en quoi une telle épreuve rehausserait son prestige – ou bien, expliqua-t-il, la chaîne était aussi fragile qu'il le semblait, et la briser n'aurait rien de glorieux, ou bien cette fragilité apparente dissimulait une supercherie, et alors il refusait d'essayer ; mais Fenrir releva finalement le défi pour que son courage ne fût pas mis en doute : il exigea seulement en guise de précaution qu'un des dieux place l'une de ses mains dans sa gueule pendant qu'on l'attacherait. Les dieux, entendant cela, se jetèrent un regard embarrassé : aucun ne voulut se charger de prouver leur bonne foi au monstre, à l'exception du brave Tyr. Et Fenrir se laissa donc entraver par la chaîne magique : il tenta de s'échapper, s'aperçut qu'il était prisonnier, et arracha la dextre de Tyr. « Voyant cela, tous les dieux s'esclaffèrent – sauf Tyr. »

Les dieux, ensuite, se saisirent de Fenrir et l'attachèrent à un rocher après lui avoir fiché une épée entre les mâchoires pour l'empêcher de mordre. Puis ils l'abandonnèrent à cet endroit où le loup « devait demeurer jusqu'à la fin du monde » *(Þar liggr hann til ragnarøkrs).*

L'*Edda en prose*

Il est temps, maintenant, d'aborder l'*Edda en prose* de Snorri Sturluson, où est recueilli également un très précieux matériel mythologique. Homme d'action s'il en est – ce fut, à la fois, un riche propriétaire terrien, un grand chef islandais, un hobereau local et un politicien qui servit les visées impérialistes du roi norvégien Hakon Hakonarson –, l'auteur de cette œuvre était aussi un lettré qui connaissait remarquablement l'histoire et la littérature de son pays : poète lui-même, il compila cette *Edda en prose* entre 1220 et 1230, afin que les jeunes scaldes de son pays disposent d'une sorte de manuel pédagogique.

Cet ouvrage comprend quatre sections : un prologue ; la *Gylfaginning*, ou Mystification de Gylfi ; les *Skáldskaparmál*, ou Traité de poétique ; et le *Háttatál*, ou Dénombrement des mètres. La quatrième section est celle qui a le moins de rapport avec notre sujet : elle recense, exemples et descriptions techniques à l'appui, les métriques nombreuses et complexes (types de vers, structure des strophes, etc.) dont les anciens poètes de cour nordiques avaient licence de se servir. Mais les trois premières parties forment un ensemble plus cohérent : un passage des *Skáldskaparmál* précise qu'elles s'adressaient aux jeunes gens « qui aspiraient à maîtriser les règles de l'art poétique en apprenant un vaste vocabulaire de termes conventionnels, ou qui souhaitaient pouvoir comprendre les formulations elliptiques de la poésie ». Snorri explicita donc maintes des références mythologiques qui émaillaient traditionnellement les poèmes nordiques, afin de permettre aux poètes néophytes d'évoquer cette mythologie à bon escient ; car les scaldes du XIIIe siècle, quand bien même chrétiens, étaient tenus de produire des vers fourmillant d'allusions à des mythes païens menacés d'oubli depuis plus de deux siècles : les risques d'erreur étaient très grands pour qui n'était pas initié aux subtilités de ces évocations.

Un exemple aidera à mieux comprendre. Si un poète voulait parler de l'or, il devait dire « farine de Frodi » plutôt que désigner ce métal par son nom. Il était donc utile d'avoir entendu parler de ce mythique roi du Danemark, qui passait pour avoir été l'heureux possesseur d'un moulin à bras lui dispensant toutes les richesses qu'il souhaitait : si Frodi avait besoin d'or, il lui suffisait d'ordonner à ses esclaves Fenia et Menia de s'atteler jour et nuit à sa meule pour remplir ses coffres. Ou encore, l'or devait être dit « graine de Kraki », en référence au légendaire roi danois Hrolf Kraki : un jour qu'il était pourchassé par un ennemi, ce souverain avait échappé à la vengeance de son poursuivant en jetant son butin d'or derrière lui, exactement comme un laboureur lance des poignées de semailles par-dessus son épaule. Celui qui ignorait ces détails risquait fort de se tromper en appelant l'or « graine de Frodi » ou « farine de Kraki ». Pour prendre un parallèle contemporain, j'ai entendu récemment une causerie radiophonique au cours de laquelle une journaliste s'entretenait avec un personnage célèbre qui avait brusquement changé de métier au milieu de sa vie. Cette femme demanda : « Est-ce une décision que vous avez prise après y avoir mûrement réfléchi ? Ou cela vous est-il venu tout d'un coup, un peu comme cette lumière aveuglante qui apparut soudain à saint Paul sur la route d'Emmaüs ? » Si elle avait consulté un équivalent moderne de l'*Edda* de Snorri, ou si elle avait lu les Actes des Apôtres, elle n'aurait sans doute pas confondu la route d'Emmaüs avec le chemin de Damas.

Mais Snorri, qui était lui-même de confession chrétienne, ne pouvait se permettre de rappeler ces récits antiques – surtout quand ils détaillaient les aventures des divinités païennes – en les présentant comme véridiques, et il se distancia donc de son sujet grâce à divers artifices. Le prologue presque anthropologique qui ouvre son

Edda répond manifestement à cette intention : il nous apprend non seulement comment l'humanité primitive découvrit que l'univers était ordonné et déduisit que cet ordre devait avoir un architecte, mais aussi pourquoi la plus remarquable des premières communautés humaines fut Troie, cité turque dirigée par un grand monarque qu'assistaient douze princes surhumains, chacun à la tête d'un royaume. Selon Snorri, l'une de ces dynasties royales avait été fondée par un ancêtre nommé Tror : « nous l'appelons Thor », écrit-il ; ce Thor, errant sur les chemins en quête d'aventures, avait rencontré une belle sorcière nommée Sibil (« nous la nommons Sif », indique Snorri) avec qui il avait engendré une race de grands héros dont le plus illustre devait être Odin, personnage doté de pouvoirs surnaturels (comme son épouse Frigg) pour lesquels son nom serait « encore plus célébré que ceux des rois ». Odin, poursuit Snorri, était d'origine asiatique : il avait quitté ce continent pour voyager vers le nord, où il avait placé ses fils à la tête de plusieurs royaumes après avoir fondé des communautés organisées sur le modèle troyen. De ces émigrants asiatiques (qui sont nommés *Aesir* [Ases], terme qui signifie « dieux » en vieux norrois) descendaient par conséquent les grands rois scandinaves. Snorri, on s'en aperçoit, adopte ici un point de vue typiquement chrétien : les dieux païens, à ses yeux, n'étaient que des héros antiques, divinisés par des adulateurs ignorants.

La section suivante de l'*Edda* de Snorri, dite *Gylfaginning*, est beaucoup plus narrative. Gylfi, y lit-on, était un roi suédois qui s'intéressait à la philosophie. Les Ases l'intriguaient, car tous les êtres semblaient obéir à leur volonté. Etaient-ce vraiment des dieux, se demandait-il, ou adoraient-ils eux-mêmes des divinités qui leur avaient conféré leur puissance ? Il se mit donc en route pour découvrir la clé de cette énigme, se déguisant en vagabond et prenant le nom de Gangleri. Mais les Ases, dès qu'ils le virent s'approcher d'eux, se préparèrent à abuser ses sens en le précipitant dans l'illusion : c'est pourquoi cette section s'intitule « Mystification de Gylfi ». Quand il atteignit la terre des Ases, Gylfi crut apercevoir une gigantesque salle emplie d'individus qui paraissaient s'amuser follement, à l'extrémité de laquelle se dressaient trois trônes occupés par trois rois : le roi « Très-Haut », l'« Aussi-Haut » et le « Troisième ». Ces augustes souverains consentant à répondre à ses questions, Gylfi les interrogea sur les dieux et acquit en échange une connaissance encyclopédique des traditions, du folklore et des légendes nordiques. La structure même de ce récit – des dieux trompeurs racontant des mythes à un personnage victime d'une illusion – permit à Snorri de rapporter ces informations sans pour autant accréditer leur véracité : à cet artifice littéraire tiennent sans aucun doute son détachement si plaisant, son style empreint d'un humour et d'une ironie contenue qui font tant la joie du lecteur.

Même si les textes de l'*Edda poétique* auxquels il se réfère ne sont pas toujours identiques à ceux qui sont parvenus jusqu'à nous, il est certain que ce recueil de poèmes fournit à Snorri de précieux matériaux. Il illustre parfois ses dires en citant des vers du *Codex Regius*, comme dans ce passage relatif aux illustres héros qu'Odin choisissait sur le champ de bataille pour les emmener festoyer avec lui dans son magnifique palais de la Valhöll. Snorri fait dire au Très-Haut :

> Chaque jour, aussitôt après leur réveil, ils enfilent leur armure de guerre et se rendent dans l'arène pour y combattre, chacun fondant sur l'autre : car telle est l'idée qu'ils se font du jeu. Et ils ne quittent ce lieu que quand l'heure du dîner approche : ils enfourchent alors leurs chevaux et rentrent à la Valhöll pour s'attabler ensemble ; comme l'a dit le poète,
>
> Tous les grands champions
> de l'entourage d'Odin
> se battent jour après jour.
> Ils décident qui mourra,
> Puis s'éloignent au galop du lieu du combat
> Et s'assoient côte à côte, de nouveau en paix.

Cette strophe fait partie intégrante du *Codex Regius* : elle se retrouve, mot pour mot, dans le poème dialogique (du type questions/réponses) intitulé *VafÞrúðnismál*.

Mais il apparaît aussi que Snorri connaissait des poèmes

qui ne survivent nulle part ailleurs que dans son *Edda* ; en témoignent ces lignes consacrées à Niord, dieu des voyages maritimes et des aventures mercantiles, dont l'union avec la géante Skadi fut compromise par l'incompatibilité radicale de leurs habitats. Ecoutez ce que Snorri dit de cette mésalliance :

> Skadi voulait vivre là où son père avait toujours habité, dans les montagnes dites de Thrymheim. Niord, quant à lui, ne voulait demeurer qu'au bord de la mer. Ils convinrent donc de séjourner alternativement à Thrymheim et à Noatun [lieu de résidence de Niord], en passant tour à tour neuf jours dans la demeure de l'autre. Mais Niord proclama dès son retour :
>
> « Je suis déjà las de ces collines, et pourtant
> Je n'y ai passé que neuf nuits.
> Je haïssais les hurlements des loups :
> Pour moi seuls les chants des cygnes sont mélodieux. »
>
> A quoi Skadi répondit :
>
> « Mon sommeil, près de l'océan,
> Etait troublé par les cris des oiseaux de mer.
> Chaque aube, je m'éveillais
> Sitôt que les mouettes prenaient leur envol. »
>
> Skadi décida donc de ne plus quitter ses monts de Thrymheim. On peut l'y voir skier, armée d'un arc de chasse : c'est la déesse de la neige et des étendues glacées.

Ces strophes, incluses dans l'*Edda* de Snorri, proviennent certainement d'un poème complet, aujourd'hui perdu.

Dans d'autres cas encore les sources de Snorri ne peuvent être déterminées avec précision, mais ses récits sont si détaillés que l'on peut présumer qu'ils ont une origine folklorique ou traditionnelle. A ce groupe de textes appartient peut-être le passage de la *Gylfaginning* qui raconte comment les dieux, voulant se prémunir contre les attaques des géants en entourant leur domaine d'une enceinte défensive, avaient conclu un bien dangereux marché en l'absence de Thor : non seulement ils ne s'étaient pas aperçus sur le moment que l'architecte qu'ils avaient recruté était apparenté à leurs ennemis les géants, mais ils s'étaient engagés par serment à le rétribuer en lui versant un salaire qui ne consistait en rien de moins que le soleil, la lune et la main de la déesse Freyia.

L'architecte, sitôt cet accord passé, travailla toute une journée, puis il alla chercher son cheval de trait Svadilfoeri pour charger des pierres sur son dos : il respectait en cela les termes du contrat, qui stipulait que seul cet animal pouvait l'aider. Les dieux, alors, eurent une très mauvaise surprise en découvrant à quel point la bête était forte : le bâtisseur, grâce à cette aide, progressa si rapidement qu'il réussit presque à achever la construction du mur au terme des trois saisons prévues par le contrat. Terrifiés à l'idée de devoir verser le salaire promis, les dieux s'en prirent à Loki, qui leur avait imprudemment conseillé de conclure ce marché, mais celui-ci, prenant peur lui aussi, imagina un habile stratagème qui les tira tous de ce mauvais pas : se métamorphosant en jument, il apparut soudain devant Svadilfoeri au cours de la toute dernière nuit et entreprit d'attirer l'animal par ses hennissements lascifs ; le cheval, bien entendu, délaissa son fardeau pour aller galoper jusqu'au petit matin aux côtés de sa pareille, empêchant ainsi son propriétaire de finir sa tâche dans le délai imparti. L'architecte, comprenant qu'on l'avait berné, s'abandonna à une gigantesque colère au cours de laquelle il révéla enfin son appartenance à la race ennemie. Thor, heureusement, revint juste à ce moment et fit face au danger : saisissant son puissant marteau, il écrasa le crâne du géant. Après quoi le dernier mot revint au malicieux Loki : il donna naissance quelques mois plus tard à un monstrueux poulain doté de huit jambes qui deviendrait le célèbre Sleipnir, monture favorite d'Odin.

Deux strophes du grand poème eddique *Vǫluspá* (Prophétie de la voyante) accompagnent ce récit, mais cette citation n'explicite en rien les détails de la version de Snorri. On peut donc penser soit que l'auteur a inventé cet épisode de toutes pièces – hypothèse improbable –, soit qu'il s'inspire d'une source dont on a perdu la trace.

La section suivante de l'*Edda* de Snorri a également

une architecture narrative. Dans les *Skáldskaparmál* aussi, un visiteur se rend chez les Ases, qui ne sont pas non plus décrits comme des dieux en dépit des noms divins qu'ils portent. Ce visiteur est Aegir, roi versé dans les arts magiques, et les Ases, de nouveau, se préparent à la fois à le fêter et à le tromper dès qu'ils repèrent son approche : ils donnent une grande réception en son honneur, le faisant asseoir à côté de Bragi, dieu de la poésie qui entreprend de raconter à son hôte les nombreux exploits des Ases. Ainsi Snorri put-il exposer nombre de mythes traditionnels, dont le dernier narré revêtait pour lui une importance particulière : il s'agit de l'histoire des deux nains Fialar et Galar, qui tuèrent une créature nommée Kvasir et mélangèrent son sang à du miel pour fabriquer trois chaudrons d'hydromel, boisson dont la consommation conférait le don de la poésie. Les nains se firent d'abord dérober cet hydromel par le géant Suttung, puis le voleur fut volé à son tour par Odin : le dieu séduisit la fille du géant, qui s'éprit tant de lui qu'elle lui permit de boire trois gorgées d'hydromel qui vidèrent complètement les chaudrons. Après quoi Odin se métamorphosa en aigle et s'envola vers les montagnes, poursuivi par Suttung qui avait pris lui aussi la forme d'un aigle en découvrant le larcin : le géant vola si vite qu'il rattrapa presque le fuyard. Quand ils comprirent quel péril menaçait leur frère, les dieux allèrent chercher tous les seaux et baquets qu'ils possédaient et les disposèrent à la hâte dans la cour de leur demeure : Odin, voyant cela, recracha tout l'hydromel dans ces récipients, où il demeura désormais, attendant d'être distribué à quiconque souhaitait devenir poète. C'est pourquoi, dit Snorri (ou peut-être Bragi), la poésie peut être appelée « butin d'Odin », « découverte d'Odin » ou « boisson d'Odin ».

Snorri, par ce biais, en arrive à ce qu'il tenait pour le grand dessein de son *Edda* : traiter de la langue et des images de la poésie nordique, en montrant en quoi ses métaphores s'expliquent par la mythologie. La structure narrative des *Skáldskaparmál* cède donc ensuite la place à un échange de questions et de réponses. Pourquoi, demande par exemple Snorri, appelle-t-on l'or tantôt « chevelure de Sif », tantôt « prix du sang de la loutre », tantôt « feu d'Aegir » ? Et il cite chaque fois les récits qui explicitent ces images, tout comme il énumère dans d'autres passages la liste des métaphores qui doivent désigner les différents dieux. « Comment convient-il de parler de Tyr ? En le nommant "le Dieu manchot" ou "le Nourrisseur du loup" » – on connaît déjà l'origine de ces appellations : j'ai parlé plus haut des passages de la *Gylfaginning* où Snorri résume les malheurs de Tyr. « Comment parler de Hod ? En l'appelant "le Dieu aveugle", "le Meurtrier de Baldr" ou "le Lanceur de gui" » – je reviendrai plus loin sur ce mythe très important, quand je conterai la fin tragique de Baldr. Ces types de métaphores, dites *kenningar* (singulier : *kenning*), pouvaient condenser un mythe à elles seules : elles constituaient un trait essentiel de la poésie de cour nordique.

Poésie scaldique

La troisième grande source d'informations dont nous disposons est fournie par les productions des poètes de cour, ou scaldes. Ces œuvres, à la différence des textes de l'*Edda poétique*, ne sont pas anonymes : maints vers scaldiques sont attribués à des auteurs dont le nom est dévoilé et dont la biographie est parvenue jusqu'à nous – on connaît leur vie ou leurs allégeances politiques. Ces données, complétées par de fréquentes allusions à des événements historiquement documentés, permettent en théorie de dater les fleurons de cette littérature avec une précision tout à fait remarquable – de l'ordre de la dizaine d'années pour nombre de ces poèmes.

On considère en général que cette poésie serait née au IXe siècle et aurait fait florès pendant tout l'Age viking, pour disparaître finalement au Moyen Age ; mais, là encore, très rares sont les strophes scaldiques qui ont été transcrites en runes : ces poèmes, dans leur immense majorité, n'ont été rédigés qu'après l'avènement du christianisme et la diffusion de l'alphabet latin. Si bien que se pose encore une fois le grave problème de la confiance qui peut être accordée à ces témoignages chrétiens : rendent-ils fidèlement compte de cette poésie pré- ou proto-chrétienne ? On doit tout à la fois espérer que ces œuvres longtemps transmises par voie orale n'ont pas été trop déformées avant que leur contenu soit fixé par écrit et postuler que les poètes auxquels elles furent ultérieurement attribuées étaient bien leurs auteurs véritables. On voit donc à quel point ces sources scaldiques sont délicates à utiliser.

Les poèmes des scaldes étaient en général hautement maniérés et techniquement très élaborés, ainsi qu'il le seyait à une poésie destinée à chanter les louanges des rois et nobles scandinaves. Les scaldes, outre ce genre laudatif, appliquèrent leurs talents à d'autres objets en composant aussi de simples impromptus qui célébraient telle ou telle grande circonstance ou commentaient quelque événement notable, mais cette complexité formelle n'en fut pas moins commune à la plupart des poèmes scaldiques : elle était associée à une langue très subtile où abondaient les bouleversements syntaxiques, les emplois de mots inhabituels et les recours fréquents aux *kenningar* – lesquelles, comme on l'a vu, pouvaient enclore un mythe à elles seules.

La *Vellekla*, par exemple, poème composé vers la fin du xe siècle par Einar Skalaglamm en l'honneur du grand comte norvégien Hakon de Lade, s'ouvre par cette requête conventionnelle à souhait :

> Magnanime protecteur de la terre,
> Je te supplie d'écouter l'écume mousseuse
> Des habitants de l'os du fjord.
> Ecoute, comte, le sang de Kvasir.

On peut supposer que ces vers ne faisaient pas sens d'emblée : leurs auditeurs, on l'imagine aisément, devaient commencer par se gratter la tête en se demandant ce que pouvaient bien signifier toutes ces périphrases... L'expression « sang de Kvasir » est assez facile à interpréter si l'on se souvient que le sang de cette créature avait été transformé en un hydromel censé conférer l'inspiration poétique : on peut en déduire que cette *kenning* renvoyait au fruit de cette inspiration, concrétisé par le poème lui-même. La formule « écume mousseuse des habitants de l'os du fjord » est encore plus alambiquée : l'« os du fjord » ne pouvait désigner que le rivage rocheux ou la falaise d'un fjord, tandis que les « habitants de l'os du fjord » étaient certainement des nains (tout écolier anglais sait à quel point les nains apprécient les falaises escarpées ou les gros rochers) ; et, le contexte autorisant à penser que ces nains n'étaient autres que Fialar et Galar, on peut en inférer que leur « écume mousseuse » représente de nouveau leur hydromel, c'est-à-dire le poème dont ces vers sont tirés. Cette strophe, en quelque sorte, dit seulement : « S'il vous plaît, faites silence pour écouter ma parole », mais une telle série de métaphores était assurément plus impressionnante que cette plate requête – du moins si l'auditoire se prêtait au jeu et acceptait de démêler ces énigmes successives : si les allusions mythologiques sous-jacentes n'étaient pas décryptées, le désarroi l'emportait sur la fascination.

Heureusement, tous les poèmes scaldiques ne sont pas aussi difficiles à suivre : certains scaldes nous ont légué des vers relativement simples, où affleurent également divers schèmes mythologiques. Un texte du Xe siècle en témoigne : ayant perdu deux de ses fils, le grand poète islandais Egil Skallagrimsson écrivit une amère complainte adressée au dieu Odin, protecteur des poètes auquel il reprochait sa trahison. Composer dans ces circonstances si cruelles, dit Egil, fut pour lui une lourde tâche : « Le temps n'est pas propice au vol de Vidrir », explique-t-il. Vidrir étant un autre nom d'Odin, il fallait entendre ici : « au vol de l'hydromel poétique ». Mais Odin, tout en blessant le poète, lui avait insufflé en même temps un talent qui l'avait fortifié : « Si je suis honnête, poursuit Egil, je dois reconnaître que l'ami de Mimir m'a dédommagé de mon chagrin » – Mimir était l'ami d'Odin parce que sa tête tranchée et conservée dans de la saumure révélait au dieu maints secrets de l'avenir.

Un autre scalde fit l'éloge de son seigneur dans des strophes dont la facture est presque eddique : la forme, ici aussi, est simple, une scène entre dieux suffisant à planter le décor de la narration. Quand Eric à la Hache sanglante, roi expulsé tour à tour de Norvège et de la région d'York, périt au cours d'une bataille, son épouse païenne exigea qu'une ode funèbre fût composée en l'honneur du monarque défunt ; de cette œuvre subsistent ces premiers vers, qui nous transportent dans le palais d'Odin :

Odin dit :
« Quel songe ai-je donc fait ? Je me suis levé à l'aube
Pour faire en sorte que la Valhöll se prépare
à accueillir une armée massacrée.
J'ai tiré mes grands champions du sommeil ;
ordonné aux Valkyries de s'éveiller,
Afin qu'elles disposent les bancs, lavent
les gobelets à bière,
Et apportent du vin pour le prince qui s'approche.
Car, de la Terre, j'attends la venue
De très nobles combattants
Qui réjouiront mon cœur. »

Le dieu demande ensuite à son compagnon Bragi d'où provient cette clameur qui retentit au loin ; celui-ci lui répond qu'il pense que ce bruit est émis par le dieu Baldr, qui doit être en train de regagner son palais, mais Odin lui rétorque qu'il est stupide : il ne peut s'agir que d'Eric et des soldats qui sont tombés à ses côtés. Il décide donc de dépêcher deux de ses plus grands héros au-devant du roi. Sigmund, qui compte parmi ces deux émissaires, interroge Odin : pourquoi attend-il Eric plutôt qu'un autre illustre personnage ? Parce que, lui explique patiemment Odin – Sigmund était plus réputé pour ses qualités héroïques que pour son intelligence –, Eric est un merveilleux guerrier : « parce qu'il a rougi son épée, conduit sa lame ensanglantée, dans maintes contrées ». « S'il était si vaillant », s'enquiert alors le héros (non sans raison, cette fois), « pourquoi l'avoir privé de la victoire ? » Question à laquelle Odin apporte cette réponse sibylline :

Ce qui doit advenir ne peut être connu.
Le loup gris darde des regards furieux
sur les demeures des dieux.

Eric avait été en fait un roi assez médiocre, malheureux dans la plupart de ses entreprises. Le poète, en en traçant ce portrait, concourut à le dépeindre comme l'un des plus grands combattants de l'histoire humaine – il l'érigea au rang de monarque digne de se mêler aux héros de l'antiquité à la tête desquels Odin devait combattre le loup gris Fenrir lorsqu'il briserait enfin ses chaînes pour se venger des dieux.

Et certains poèmes scaldiques traitèrent encore plus directement de thèmes mythologiques. C'est le cas de la

Haustlǫng, œuvre que le poète Thiodolf affirmait avoir achevée en une unique saison (de là son titre, qui signifie « un seul automne ») ; ses vers décrivent un bouclier historié que l'auteur avait reçu en présent : l'arme était décorée de plusieurs scènes divines dont l'une se rapportait à Idunn, précieuse gardienne du coffre où étaient conservées les pommes de l'éternelle jouvence. Snorri, qui connaissait la *Haustlǫng*, a raconté en détail les mésaventures de cette déesse.

Un jour qu'ils étaient partis en expédition, les trois Ases Odin, Loki et Hoenir avaient tué un bœuf pour s'en nourrir. Ils avaient essayé de faire cuire la bête, sans y parvenir : la viande était crue chaque fois qu'ils la goûtaient. Au-dessus de leur campement se dressait un chêne sur lequel était perché un aigle, et ce rapace leur expliqua au bout d'un moment que c'était à cause de lui que le bœuf ne cuisait pas : il fallait qu'il reçoive sa part de la viande. Les dieux acceptèrent, et ils l'invitèrent à se servir lui-même, ce qu'il fit sur-le-champ. Mais l'aigle se servit trop copieusement : furieux, Loki ramassa un bâton pour frapper le goinfre, qui s'éleva aussitôt dans les airs en traînant son assaillant sur le sol pierreux. Loki, terrifié et meurtri, demanda grâce à l'aigle, ce à quoi celui-ci consentit en échange d'un engagement : Loki dut promettre qu'il convaincrait Idunn de sortir de sa forteresse divine, munie de ses pommes d'or.

Loki, par la suite, respecta scrupuleusement les clauses

du marché en attirant Idunn dans les bois. Mais l'aigle, révélant alors sa véritable identité – c'était le géant Thiazi –, fondit sur la déesse et la transporta à Thrymheim, où il avait sa demeure. Les dieux, privés de ces pommes magiques, commencèrent à vieillir et à perdre leurs forces, et ils cherchèrent en vain Idunn jusqu'à ce qu'ils se souviennent tout à coup qu'elle avait été vue pour la dernière fois en compagnie de Loki : pris de soupçon, ils s'emparèrent de lui et le menacèrent de le mettre à mort s'il ne retrouvait pas Idunn et ne la ramenait pas dans sa forteresse. Loki se changea donc en faucon et vola vers Thrymheim, où il eut la chance de découvrir la déesse toute seule, le géant étant parti pêcher : lui donnant l'aspect d'une noix, il saisit Idunn dans ses serres et prit son envol pour regagner le domaine des dieux. Thiazi, constatant la disparition d'Idunn, emprunta de nouveau la forme d'un aigle et partit à la poursuite de Loki, battant si violemment des ailes qu'il déchaîna maintes tempêtes ; il rattrapa presque le faucon, et les Ases, comprenant à quel point la situation était périlleuse, imaginèrent une parade : ils entassèrent des copeaux de bois juste derrière leurs murailles, puis mirent le feu à ces bûchers improvisés aussitôt après que le faucon les eut dépassés. L'aigle volait si vite qu'il fut incapable de s'arrêter à temps : il plongea dans le feu, se brûla les ailes et périt au milieu des flammes. Voilà comment les Ases se débarrassèrent de Thiazi !

Snorri ajouta même une suite à ce récit. Selon lui, Thiazi avait une fille nommée Skadi, qui réagit virilement en apprenant la mort de son père : dès que la nouvelle parvint à ses oreilles, cette maîtresse femme empoigna ses armes et son armure pour aller venger son géniteur. Préférant la conciliation au combat, les dieux lui proposèrent de contracter mariage avec quelqu'un de leur lignée, en lui spécifiant toutefois qu'elle ne devrait se déterminer qu'en comparant leurs pieds, toute autre partie de leurs corps étant cachée à ses regards. Acceptant, elle passa leurs extrémités en revue et s'arrêta devant une élégante paire de chevilles : persuadée que c'étaient celles du beau dieu Baldr, elle les choisit, mais ces pieds appartenaient en fait au vieux Niord – elle l'épousa donc et l'on sait déjà combien leur union fut brève.

Douze strophes de la *Haustlǫng* sont consacrées à l'histoire de Thiazi. Chacune décrit un épisode ou une situation : Thiazi, déguisé en oiseau, observe les Ases pendant qu'ils tentent de faire cuire le bœuf (strophe I) ; il leur explique que c'est lui qui a empêché la cuisson (II) ; les dieux lui offrent une part de la viande, Loki s'affairant à attiser le feu (III) ; l'aigle se sert une énorme portion de viande (IV) ; Loki le frappe avec le bâton (V) ; etc. En dépit de cet enchaînement, l'intrigue est assez difficile à suivre – ne serait-ce qu'en raison des innombrables subtilités de langage qui parsèment ces vers – si l'on ne connaît pas le mythe auquel se rapportent ces séquences : un tel poème, il est bon de le rappeler, s'adressait à un auditoire qui était censé apporter sa propre pierre à l'édifice de la narration.

Telles sont donc les trois sources majeures à partir desquelles on peut tenter d'accéder à la mythologie nordique. Il en existe beaucoup d'autres, qui paraissent parfois mineures eu égard à la faible quantité d'informations qui y sont conservées, mais qui ont néanmoins une importance fondamentale sur d'autres plans. Je citerai deux exemples. Outre son *Edda en prose*, Snorri compila également une histoire de la Norvège intitulée *Heimskringla* (Orbe du monde). Il y retrace les heurs et malheurs des rois norvégiens qui succédèrent au premier monarque « historique », Harald aux Beaux Cheveux, dont le règne s'exerça à la fin du IXe siècle ; mais, même ici, la biographie de Harald est précédée par un texte dit *Ynglingasaga* (Saga des rois de la dynastie des Yngling), qui conte les exploits de rois légendaires en mêlant le monde humain au monde divin. Quant à Saxo Grammaticus, auteur danois qui rédigea en latin une histoire de son pays au début du XIIIe siècle, ses *Gesta Danorum* s'appuyèrent largement sur les mythes et contes légendaires traditionnels : les matériaux qu'il cite sont d'autant plus intéressants qu'ils contredisent quelquefois d'autres témoignages – notamment ceux de Snorri.

Ces sources sont si hétéroclites – elles proviennent non

seulement d'époques et de lieux différents, mais satisfont à des exigences littéraires très diverses – que prétendre les utiliser pour brosser un tableau cohérent de la mythologie nordique a tout d'un pari intenable. Car les récits sont confus : certains s'intègrent à des séquences ordonnées, d'autres sont si épars et fragmentaires que l'on ne sait trop quoi en faire. Distinguer entre les légendes scandinaves authentiques et l'invention littéraire est donc une tâche ardue, tout comme la question du crédit que les populations nordiques accordaient à ces mythes soulève d'interminables controverses. Un mythe, nous dit-on, « expose des croyances populaires, afférentes à des phénomènes naturels ou historiques ». Les mythes ici présentés relèvent-ils de cette analyse ? La réponse appartient au lecteur.

Ases, Vanes et rois

Dans la mythologie nordique existent deux groupes de dieux, dits *Aesir* (singulier : *Áss*) et *Vanir* (singulier : *Vanr*). N'en déplaise à Snorri, le terme *Áss* ne vient pas du mot *Asia* : cette étymologie forgée à l'époque médiévale est manifestement inexacte. *Áss* dérive en fait d'un nom commun germanique qui signifie « dieu », lequel serait apparenté à la fois au vieil anglais *ōs* (qui ne survit plus que comme première syllabe de certains prénoms masculins tels *Oswald* ou *Osbert*) et au pluriel gothique *ansis*, cité dans un texte latin et traduit par *semideos*, ou « demi-dieux ». L'origine du vocable *Vanr* est plus problématique : parmi les nombreuses interprétations envisageables (les dictionnaires indiquent que « les étymologies surabondent »), la plus séduisante relie ce mot au vieux norrois *vinr*, « ami », et au latin *Venus*, « déesse de l'amour charnel ».

Georges Dumézil, l'éminent spécialiste de l'étude des religions comparées, estimait que la distinction entre les Ases et les Vanes remontait à la plus haute antiquité et se retrouvait dans les religions d'autres peuples indo-européens. Les Vanes, selon lui, étaient à l'origine des dieux de rang inférieur qui n'auraient été admis dans le groupe supérieur qu'après une période de rivalité. Cette théorie est étayée par un passage de la *Heimskringla*, bien que la bataille divine devienne ici un simple conflit entre peuplades voisines :

> Odin leva une armée pour attaquer les Vanes. Ceux-ci défendirent si vaillamment leur terre que chaque parti remporta la victoire à tour de rôle : chacun pilla le pays de l'autre, y causant de grands dommages.
>
> Quand ils furent las de cette guerre, les deux peuples entamèrent des pourparlers de paix à l'issue desquels ils conclurent une trêve et décidèrent d'échanger des otages. Les Vanes, qui remirent les meilleurs de leurs hommes en la personne de Niord le Riche et de son fils Freyr, reçurent en retour le dénommé Hoenir, dont les Ases leur assurèrent qu'il était tout à fait digne de devenir un chef – car il était grand et très beau ; et comme avec lui fut également envoyé l'Ase Mimir, personnage très astucieux, les Vanes livrèrent encore en échange le plus intelligent de leur troupe : cet homme s'appelait Kvasir.
>
> Quand Hoenir arriva dans le pays des Vanes, son autorité fut immédiatement reconnue. Mais Mimir lui soufflait tout ce qu'il devait dire, et Hoenir répondait

toujours la même chose chaque fois qu'une affaire difficile lui était soumise dans un procès ou une assemblée où il siégeait sans que ce même Mimir se trouve à ses côtés : « Qu'un autre décide », disait-il. Les Vanes, à la longue, pensèrent que les Ases les avaient bernés dans l'échange d'otages, et ils s'emparèrent donc de Mimir, le décapitèrent puis envoyèrent sa tête aux Ases. Alors Odin prit cette tête, l'enduisit d'herbes qui prévinrent la décomposition des chairs, et lui chanta maintes incantations. C'est ainsi que la tête tranchée de Mimir, recevant le pouvoir de parler, put révéler à Odin les secrets les mieux celés.

Odin nomma Niord et Freyr prêtres sacrificateurs, leur donnant rang de plus hauts ministres du culte parmi les Ases. Freyia, fille de Niord, devint elle aussi prêtresse sacrificatrice : elle enseigna la première aux Ases la pratique nommée *seiðr* [magie], si commune dans le pays des Vanes. Quand Niord vivait parmi les Vanes, il avait épousé sa propre sœur, les lois de ce peuple ne l'interdisant pas, et elle lui avait donné pour enfants Freyr et Freyia. Mais les unions entre parents si proches n'étaient pas permises chez les Ases.

Maints détails de cette légende sont corroborés par les vers eddiques. Dans le poème intitulé *VafÞrúðnismál* figure par exemple cette question : « Où Niord vivait-il avant qu'il vienne habiter parmi les fils des Ases ? Par centaines se comptent les temples ou lieux saints auxquels il commande, et pourtant il ne fut pas engendré par les Ases. » La réponse suit immédiatement : « Les sages puissances le créèrent sur la terre des Vanes, puis elles le livrèrent en otage aux dieux. A la fin des temps, il s'en retournera vivre au milieu des sages Vanes. »

Comme on peut également se tourner vers la *Lokasenna*, qui est une mine inépuisable de renseignements sur les scandales divins : les insultes échangées par Loki et ses adversaires révèlent nombre d'actes honteux, commis par un dieu ou par un autre. Niord se vantant devant lui d'avoir engendré un fils aimé de tous et prince parmi les Ases, Loki lui rétorque :

> Arrête, Niord ! Domine-toi !
> Je ne le cacherai pas plus longtemps :
> Ce fils, c'est avec ta sœur que tu l'engendras,
> Et, venant de toi, cela n'a rien de surprenant.

Quant à Freyia, voici le trait que Loki lui décoche :

> Tais-toi, Freyia ! Je te connais trop bien,
> Je sais que les torts ne te font pas défaut.
> Les Ases et les elfes qui sont dans cette salle
> Ont tous été tes amants.

Après quoi il l'accuse encore dans sa riposte suivante d'avoir été surprise en train de faire l'amour avec son frère !

Les Vanes, dans ces vers, sont distingués des autres dieux – ils sont dépeints comme des créatures différentes et presque sinistres, ou du moins inquiétantes par leur atypie. La pratique du *seiðr*, en particulier, était tenue pour dangereuse en dépit de son utilité : c'était une forme de magie très puissante, qui pouvait aussi bien infliger des blessures à distance que donner accès à des connaissances ésotériques. Snorri affirme qu'Odin la connaissait, y ayant été probablement initié par Freyia :

> Odin connaissait cet art – il le pratiquait même – qui conférait une grande puissance et qu'on nommait *seiðr*. Grâce à cette magie, il pouvait savoir le destin des hommes et deviner les événements à venir ; il pouvait donner la mort, frapper de malchance ou de maladie, retirer à l'un son intelligence ou sa force pour les transmettre à l'autre. Mais cette sorcellerie efféminait tant le caractère que son usage était tenu pour infamant chez les hommes : son exercice était réservé aux prêtresses.

Les Vanes, pourtant, faisaient aussi figure de déités propices qui prodiguaient maints bienfaits à l'humanité : Dumézil les décrit comme des divinités jumelées qui « dispensaient santé, jeunesse, fécondité et bonheur ». Freyr et Freyia semblent effectivement avoir été jumeaux (aussi bien qu'époux), et Niord lui aussi avait sans doute une sœur jumelle (avec laquelle il devait former également un couple) en la personne de Nerthus, déesse dont Tacite affirmait au Iᵉʳ siècle de notre ère qu'elle était adorée par les tribus germaniques riveraines de la mer du Nord : quoique non mentionné dans la mythologie scandinave, ce nom, que l'historien romain traduit par

« Terre mère », est le parfait cognat linguistique de « Niord ». D'après les sources nordiques, Niord était le dieu des richesses, des terres fertiles, des entreprises mercantiles et de la pêche ; Freyr était le maître des saisons clémentes et de leurs fruits – paix, prospérité, mais également mariages heureux, ainsi qu'en témoigne une statuette de ce dieu trouvée dans le grand temple d'Uppsala : son aspect phallique symbolise clairement la fertilité nuptiale ; quant à Freyia, « elle adorait les chants d'amour. Il était bon de la prier pour tout ce qui concernait les affaires de cœur ».

Ces préoccupations – fécondité, prospérité, etc. – occupaient une place si centrale dans la vie quotidienne des populations médiévales que l'on est en droit de supposer que les épisodes mythologiques afférents à ces dieux Vanes abondaient, et l'on peut donc s'étonner que si peu de ce matériel soit parvenu jusqu'à nous. La plupart de ces mythes, en effet, sont perdus ou ne subsistent plus qu'à l'état de bribes éparses, tel celui qui a trait au couple Freyia-Od. Freyia, on le sait, avait épousé Od, dieu mystérieux qui l'avait abandonnée pour voyager : après avoir pleuré toutes les larmes de son corps, elle était partie à la recherche de son conjoint, prenant toutes sortes de noms étranges au cours de ses pérégrinations ; le récit des aventures de Freyia, certainement conté par le menu, ne survit plus aujourd'hui que dans de rares passages très allusifs de l'*Edda* de Snorri et des poèmes scaldiques : la déesse ayant versé des larmes d'or après le départ d'Od, un groupe de *kenningar* désignent ce métal comme les « pleurs de Freyia », les « eaux de fonte de la paupière de Freyia », etc.

Parmi les rares mythes relatifs aux Vanes dont la trace a été conservée, le plus détaillé est celui qui narre la passion dévorante – sentiment guère surprenant chez un dieu qui présidait à la fécondité et au désir physique – que Freyr éprouva pour la géante Gerd : il est à la fois raconté en détail dans le poème eddique *Fǫr Skírnis* (Voyage de Skirnir), et paraphrasé dans l'*Edda* de Snorri. Freyr, lit-on, s'assit un jour sur Hlidskialf, trône sacré d'où Odin surveillait l'ensemble des mondes : mal lui en prit, car il ne tarda pas à être puni de sa présomption. Il regarda vers le nord (domaine des géants) et aperçut une fille splendide dont les bras brillaient comme des soleils : il s'en éprit aussitôt et sombra très vite dans une effroyable langueur. Pressé par Niord, qui se faisait du souci pour son fils, de s'enquérir des raisons de cette transformation, Skirnir, écuyer de Freyr, demanda à son maître pourquoi il se morfondait ainsi, le suppliant de bien vouloir lui révéler son secret en souvenir de leur vieille amitié. Freyr confessa son amour, puis pria l'écuyer d'aller courtiser la belle en son nom. Le voyage promettant d'être assez dangereux, Freyr récompensa d'avance Skirnir en lui offrant son plus fringant destrier et l'un de ses plus précieux trésors, son épée qui combattait d'elle-même. Après quoi Skirnir chevaucha jusqu'à la demeure de la géante, qui était gardée par des chiens féroces – un berger assis près du portail lui conseilla de ne point tenter d'entrer, mais il persista dans sa résolution. Gerd, respectant les lois de l'hospitalité nordique, l'invita d'abord à boire de l'hydromel puis entreprit de l'interroger sur les motifs de sa visite ; Skirnir l'informa alors des sentiments de Freyr tout en lui montrant plusieurs cadeaux qu'il était chargé de lui remettre au cas où elle consentirait à répondre à la flamme du dieu : il lui proposa onze pommes d'or et un anneau magique qui se multipliait toutes les neuf nuits, lui laissant miroiter de la sorte les immenses richesses que détenaient les Ases. Mais Gerd rejeta ces présents, disant qu'elle possédait déjà assez d'or comme cela, et Skirnir, après ce refus, passa des cajoleries à l'intimidation : il lança à la géante toutes sortes d'imprécations de plus en plus outrageantes (ainsi que de plus en plus cryptiques !), enchaînant la menace à l'insulte jusqu'à ce qu'il parvienne enfin à faire fléchir la jeune fille en lui arrachant la promesse de se donner à Freyr dans neuf nuits. Skirnir, ayant reçu satisfaction, s'en retourna vers Freyr et le retrouva devant sa porte, brûlant de connaître le résultat de l'entrevue ; l'écuyer transmit alors le message au dieu, et Freyr, après avoir entendu l'heureuse nouvelle, proféra ces paroles qui fendront le cœur de tous les vrais amants :

Longue est une nuit, et deux plus longues encore.
Comment survivrais-je à trois nuits ?
Souvent un mois m'a semblé s'envoler plus vite
Que cette demi-nuit de noces !

En dépit de ses obscurités, le *Fǫr Skírnis* nous parle d'un mythe dont les linéaments sont particulièrement transparents. Le nom « Gerd » s'apparentant au vieux norrois *garðr*, qui signifie « champ ou terrain enclos » (comme l'anglais dialectal *garth*), l'union de Freyr et de Gerd peut être vue comme une hiérogamie entre le dieu de la fertilité et la terre cultivée – union heureuse, eu égard au *happy end* du poème, mais dont le sardonique Loki rappelle aussi les conséquences tragiques dans une strophe typique de la *Lokasenna* où il apostrophe Freyr :

A prix d'or tu as fait acheter la fille de Gymir [Gerd],
En n'hésitant pas à céder ton épée.
Mais, quand les fils de Muspell chevaucheront
dans la forêt de Mirk,
Tu ne sais pas, misérable, avec quelle arme
tu les combattras.

Les fils de Muspell devaient faire partie des armées qui attaqueraient les dieux à la fin des temps ; s'étant dessaisi de cette épée merveilleuse pour assouvir sa passion, comment Freyr pourrait-il protéger le domaine divin ?

Plus problématiques, en revanche, sont les implications d'un autre texte également consacré à Freyr : inclus dans la *Heimskringla* de Snorri, il présente Freyr comme un roi terrestre plutôt que comme un dieu, se faisant ainsi l'écho de l'interprétation évhémériste selon laquelle les divinités païennes ne seraient que des hommes divinisés par la tradition. Le contenu du récit est largement influencé par cette interprétation : Niord et Freyr deviennent ici des rois suédois. Freyr, dit Snorri, était très populaire, car son règne avait été marqué par des moissons abondantes et une paix durable que ses sujets avaient imputées à son influence bénéfique ; la prospérité avait été telle qu'il avait érigé un grand temple à Uppsala, y affectant tout le produit des impôts et tributs.

> Mais Freyr tomba malade, et, quand le mal le terrassa, ses gens se concertèrent pour ourdir un plan. Ne le laissant approcher que par un minimum de personnes, ils élevèrent un grand tertre pourvu d'une porte et de trois fenêtres. Puis, lorsque Freyr mourut, ils transportèrent en secret sa dépouille dans ce tertre et firent croire aux Suédois que le roi était toujours en vie. Ils le laissèrent là trois ans, versant dans le tertre tout le revenu des impôts, l'or par une fenêtre, l'argent par une autre et les pièces de bronze par la troisième. La paix et la fertilité se maintinrent pendant tout ce temps [...]. Quand la nouvelle de la mort de Freyr parvint enfin à leurs oreilles et que tous eurent constaté que la période de paix et de bonnes moissons se maintenait, les Suédois

> conclurent qu'il en serait ainsi tant que Freyr resterait en Suède, et ils refusèrent donc de l'incinérer. Ils l'appelèrent *Veraldargoð*, ce qui veut dire « Dieu des biens de ce monde », et lui offrirent maints sacrifices pour que la paix et les bonnes saisons persistent.

Bien que comportant des éléments – les thèmes de la richesse, de la fertilité, etc. – qui constituent un motif caractéristique des aventures du dieu Freyr, ce texte célèbre autant la royauté que la divinité. Le nom même de Freyr, il convient de le noter, dérivait d'un substantif signifiant « seigneur », cognat du vieil anglais *frea* qui désignait à la fois les rois terrestres et les rois célestes. Selon certains documents médiévaux postérieurs, il semble bien que les premiers monarques scandinaves n'étaient révérés que pour autant qu'ils savaient assurer à leur peuple paix et prospérité en leur procurant des saisons favorables aux récoltes et au bétail : certains récits légendaires vont jusqu'à indiquer que les souverains qui manquaient à ce devoir étaient mis à mort. D'après la *Heimskringla* de Snorri, l'une de ces malheureuses victimes fut le roi suédois Olaf, surnommé Trancheur d'arbres en raison des défrichements massifs qu'il avait fait pratiquer à l'ouest du pays après s'y être réfugié ; d'autres exilés l'avaient rejoint, attirés par la fertilité des sols offerts aux labours :

> Mais tant d'hommes se répandirent dans ces régions que la terre ne put plus les nourrir tous. Une grande famine s'ensuivit, et les Suédois, qui avaient coutume d'attribuer les bonnes comme les mauvaises saisons à leurs rois, incriminèrent Olaf : ce roi n'aimant pas célébrer les sacrifices, ils se dirent que ses médiocres célébrations devaient être la cause de la famine. Ils s'attroupèrent donc, se jetèrent sur Olaf, l'enfermèrent dans sa maison puis le firent périr en incendiant le bâtiment. Ils l'offrirent ainsi à Odin, le sacrifiant pour obtenir de riches moissons. Cela se passa près du lac Vänern.

On pourrait donc dire que Snorri, quand il parle de Freyr, narre une histoire royale qui est également une histoire religieuse. Son récit rappelle une anecdote que Saxo Grammaticus cite à propos du roi danois Frothi, loué lui aussi pour la longue période de paix qu'il offrit à son peuple. Quand Frothi rendit l'âme, ses serviteurs décidèrent de même de dissimuler sa mort afin que la tranquillité du pays ne fût point troublée : ils embaumèrent son cadavre puis lui firent parcourir la campagne à l'intérieur d'une litière, en faisant courir le bruit que le roi était trop malade pour voyager autrement ; et ils ne donnèrent à Frothi des funérailles convenables qu'après que son corps eut commencé à se putréfier.

Cette anecdote, elle aussi, ressemble à un mythe religieux remanié. Non seulement, en effet, le vocable « Frothi » peut être associé à l'adjectif *fróðr*, « fructueux, fertile », mais ces pérégrinations posthumes à travers la campagne (peut-être destinées à procurer des récoltes abondantes) font penser aux déplacements du char de Nerthus, la *terra mater* de Tacite :

> Il est dans une île de l'Océan une forêt sainte, et là un char consacré, couvert d'un voile ; le prêtre seul a droit d'y toucher. Il connaît que la déesse est présente dans son sanctuaire et il l'accompagne très respectueusement, traînée par des génisses. Ce sont alors jours de liesse, c'est fête en tous les lieux qu'elle daigne honorer de sa visite et de son séjour. Ils n'engagent point de guerre, ils ne prennent pas les armes ; tout fer est enfermé ; paix et tranquillité alors seulement sont connues, alors seulement sont chéries, jusqu'à ce que, la déesse étant rassasiée du commerce des mortels, le même prêtre la rende à son temple. Puis le char, les voiles et, si on veut bien le croire, la divinité elle-même sont baignés dans un lac retiré : des esclaves font ce service et aussitôt le lac les engloutit. De là, une religieuse terreur et une sainte ignorance à l'entour de ce mystère qu'on ne peut voir sans périr *.

Et une dernière pièce peut être versée à ce dossier : Snorri, dans l'un des premiers chapitres de sa *Heimskringla*, raconte un épisode qui mérite d'être rapproché de ce motif du roi défunt, promené dans son royaume à

* Tacite, *La Germanie*, XL, Paris, Les Belles Lettres, 1983 (trad. Jacques Perret), p. 95 *(NdT)*.

des fins propitiatoires. Le personnage central est ici Halfdan le Noir, roi de Norvège semi-légendaire (il fut le père de Harald aux Beaux Cheveux) qui périt accidentellement au retour d'un banquet donné dans le Hadeland. Voulant éviter un détour, Halfdan s'était aventuré sur les eaux gelées du Randsfiord ; c'était le printemps et la glace était dangereuse : elle se brisa pendant qu'il traversait ce fjord, et le roi et tous les membres de son escorte moururent noyés. Leurs corps furent retrouvés, et les habitants de Ringerike ramenèrent la dépouille royale dans leur village pour lui donner une sépulture convenable ; mais ceux de Rømerike, Vestfold et Heidmark s'opposèrent à cette inhumation en alléguant que les bonnes saisons – le temps avait été particulièrement clément sous le règne de Halfdan – ne perdureraient que là précisément où le souverain serait enterré. Tous se disputèrent donc le corps, et le problème ne fut résolu qu'au prix d'un compromis drastique : Halfdan fut finalement découpé en quatre morceaux qui furent enterrés dans quatre provinces différentes. C'est pourquoi, ajoute Snorri, quatre sites norvégiens sont appelés « Tertres de Halfdan ».

Mais revenons à Frothi : la formation de ce patronyme – l'adjectif *fróðr*, comme cela a été indiqué plus haut, signifie « fertile, bourgeonnant » – suggère même que « Frothi » pourrait être un surnom de Freyr. Un chapitre de l'*Ynglingasaga*, livre inaugural de la *Heimskringla*, indique en tout cas que ces deux noms étaient intimement associés. Snorri, qui présente ici Freyr comme le souverain suédois qui succéda à Niord, décrit son règne en ces termes :

> Il eut autant d'amis que son père et provoqua autant de bonnes saisons que lui. Freyr construisit un grand temple à Uppsala, y fixa sa résidence principale et affecta à ce temple tous les revenus des impôts, terres et biens meubles. Puis il installa le trésor royal à Uppsala, où il est demeuré jusqu'à ce jour. Sous le règne de Freyr commença la « paix de Frothi », tout au long de laquelle il y eut aussi des saisons fertiles dans l'ensemble du pays. Les Suédois mirent cela au crédit de Freyr.

Quoi qu'il en soit, il est certain que la paix et la fertilité étaient étroitement liées dans les formules rituelles nordiques, car il est dit très souvent que les sacrifices étaient faits *til árs ok friðar*, c'est-à-dire « pour [obtenir] les fruits de la paix ». L'antique culte de Nerthus, comme on l'a vu, était un culte de paix, et la toponymie aussi bien que les plus anciennes allusions des sagas confirment ce lien entre les Vanes et les bénéfices de la paix : très nombreux sont les lieux norvégiens ou suédois dits « Champ de Freyr » ou « Pré de Freyr » qui semblent désigner des terres où les récoltes étaient particulièrement abondantes. Ces indices toponymiques vont donc dans le sens des textes qui vantent la richesse de Freyr et de son père Niord ; car, si Snorri (ou plutôt le dieu « Très-Haut » de la *Gylfaginning*) dit que Niord est « si riche et si fortuné qu'il peut offrir profusion de terres et de biens meubles à quiconque lui en adresse la prière », Freyr passait lui aussi pour détenir de très précieux trésors – notamment le verrat Gullinbursti, dont les soies d'or illuminaient les ténèbres, ou le merveilleux navire Skidbladnir, qui non seulement était si grand que tous les Ases pouvaient y embarquer avec leurs armes et leurs armures, mais obtenait des vents favorables aussitôt que sa voile était hissée et pouvait se replier comme un linge pour être transporté dans une bourse quand il n'était pas utilisé sur les flots (Niord était associé à la mer et aux bateaux).

En dépit de leurs divergences, ces textes consacrés à Freyr, Frothi et Halfdan (voire à Nerthus) possèdent une caractéristique commune : tous traitent de thèmes qui se retrouvent à des degrés divers dans d'autres anciens récits scandinaves ou même germaniques. Ces thèmes sont : un dieu-roi qui garantit la paix et la prospérité à son peuple ; de riches moissons, dont la pérennité est associée dans l'imaginaire populaire à la possession de la dépouille royale et aux voyages posthumes du roi dispensateur d'abondance.

Derrière ces légendes se dissimule vraisemblablement un mythe commun scandinave ou germanique, et peut-être même quelque rituel religieux fondé sur ce mythe.

Les Vanes jouaient de toute évidence un rôle éminemment matériel : ils étaient censés dispenser et contrôler les richesses essentielles – agraires et mercantiles – dont dépendaient les sociétés nordiques. Il n'est donc pas étonnant qu'ils soient si souvent désignés comme des divinités auxquelles des sacrifices étaient dédiés, et l'on pourrait penser, si paradoxal que cela paraisse, que le nombre somme toute assez limité de mythes liés aux Vanes dont nous disposons s'explique précisément par l'extrême importance pratique des dieux et déesses Vanes. Selon Adam de Brême, compilateur du XIIe siècle à qui l'on doit une description de deuxième main du grand temple barbare d'Uppsala et des rituels qui y étaient pratiqués, cet édifice abritait trois grandes statues dont l'une représentait le dieu Freyr (Adam le nomme *Fricco*) en train de « distribuer la paix et la félicité aux mortels » ; cet historien, tout en brossant un bref compte rendu des grands sacrifices d'été qui étaient offerts dans ce temple, ajoute sur un ton désapprobateur : « Les hymnes qui sont habituellement chantés au cours de ces célébrations sont si divers et insipides que je préfère ne rien en dire. »

Comment les auteurs chrétiens auraient-ils pu accepter de parler de ces cultes païens ? Plus les divinités auxquelles ces cérémonies étaient dédiées passaient pour influer directement sur la vie quotidienne en déterminant le succès ou l'échec d'activités telles que l'agriculture, l'élevage, les voyages commerciaux ou la pêche, plus elles étaient dangereuses pour les sociétés protochrétiennes : car ces activités économiques étaient si vitales pour les communautés nordiques que l'on imagine aisément à quel point les pêcheurs, marchands, etc., devaient être attachés aux puissances tutélaires qui les régissaient. Il était capital, pour tous ceux qui professaient la jeune foi chrétienne, que ces dieux de la campagne et de la mer fussent oubliés ou remplacés par des équivalents chrétiens.

Odin et Thor

Odin et Thor, les deux plus puissants dieux Ases, ne se ressemblent pas : Odin était le dieu des poètes, des rois, des guerriers et de la magie, tandis que Thor parlait à l'imagination du Viking moyen – c'était le dieu du petit peuple des fjords islandais ou norvégiens. Georges Dumézil leur assigne des fonctions et des attributs si distincts qu'il les tient pour des figures prototypiques et les classe en conséquence : à ses yeux, Odin serait un dieu souverain, à la fois roi, prêtre et magicien, cependant que Thor présenterait tous les traits – brutalité, agressivité – du dieu guerrier. Cette distinction, si simpliste soit-elle, s'accorde assez bien avec les mythes ou croyances de l'Age viking. Il est certain, par exemple, que Thor était chargé de combattre les géants, ennemis mortels des dieux ; mais Odin n'en jouait pas moins un rôle martial, puisqu'il lui incombait aussi de protéger et de rassembler les grands champions qui devaient lutter à ses côtés lors du *Ragnarǫk*.

Odin

Odin est de loin le plus complexe de ces deux personnages divins. Selon certains spécialistes, la complexité de ce dieu découlerait d'un amalgame progressif : au fil des siècles, des attributions ou domaines d'activités antérieurement spécifiques d'autres dieux auraient été annexés par cette divinité. De fait, la diversité de la nature d'Odin est attestée par le très grand nombre de noms qui le désignaient : ces dénominations, qui n'étaient pas tout à fait des surnoms bien que s'en rapprochant par certains aspects, étaient dites *heiti* (terme dérivé du verbe *heita*, « s'appeler ») par les Scandinaves.

Snorri, parlant par la bouche du « Troisième » dans la *Gylfaginning*, affirme qu'Odin est le plus ancien et le plus éminent des Ases. Il dit qu'il règne sur toutes choses, les autres dieux lui obéissant comme les enfants servent leur père – comparaison aujourd'hui désuète, mais pertinente en ces temps anciens. Le « Troisième » nomme Odin *Alfǫðr*, ce qui signifie « Père universel », mais il l'appelle également « Père de ceux qui tombent sur le champ de bataille » *(Valfǫðr)*, « Dieu des pendus » *(Hangaguð)*, « Dieu des captifs » *(Haptaguð)*, « Dieu des cargaisons » *(Farmaguð)*, et ajoute même qu'il se présenta sous d'autres noms encore quand il rendit visite au roi Geirrod. Puis il cite ces extraits du poème *Grímnismál* :

Je m'appelle Grim
Et Ganglari,
Herian, Hialmberi,
Thekkr, Thridi,
Thunn, Unn,
Helblindi, Har,
Sann, Svipall,
Sanngetal [...].

Et ainsi de suite pendant seize autres vers. On comprend que Gangleri se soit exclamé aussitôt après avoir entendu cette litanie : « Je vois que vous lui avez vraiment donné une multitude de noms. Mon dieu, qu'il faut être savant pour expliquer en détail comment chacun de ces termes a été forgé ! »

En fait, le sens de ces vocables nordiques est souvent fourni par l'étymologie. *Grímr* est généralement traduit par « le Masqué, l'Encapuchonné » ; *Herian* peut être rapproché du substantif *herr*, « armée » ; *Hiálmberi* comprend le mot *hiálmr*, « heaume » ; *Hár* signifie manifestement « le Haut », bien qu'une interprétation concurrente – proposée, mais nullement prouvée – préfère

« Celui qui est aveugle » ; et *Svipall* doit être rapporté à l'adjectif *svipull*, « changeant, capricieux ». Quant aux seize vers suivants, ils incluent des noms qui signifient « Qui excite » *(Hnikarr)*, « Qui a la vue faible » *(Bileygr)*, « Qui a le regard ardent » *(Báleygr)*, « Qui cause le malheur » *(Bǫlverkr)*, « Longue Capuche » *(Siðhǫttr)*, « Père de la victoire » *(Sigfǫðr)*, « Aveugle » *(Blindi)*, « Qui possède un bâton magique » *(Gǫndlir)*, « Hongre » *(Iálkr)*, « Nourrisseur » *(Kialarr)*, « Destructeur » *(Viðurr)*, « Terreur » *(Yggr)*, « Vent » *(Váfuðr)* et « Dieu des hommes » *(Veratýr)*. Ces désignations reflètent les multiples facettes de la personnalité d'Odin, ou témoignent à tout le moins de la multiplicité de ses actes : car Odin était à la fois le dieu de la guerre et de la victoire, le dieu de la magie, et une divinité sinistre, terrifiante et terrible qui pouvait commander aux vents tout autant qu'induire en erreur par ses paroles cauteleuses. Quelques-uns de ces noms ont donc valeur de mythes : ainsi, le fait qu'Odin pratiquait le *seiðr*, art magique dont l'exercice était normalement réservé aux femmes, pourrait expliquer qu'il fût appelé *Iálkr* ; les déguisements qu'il avait coutume d'utiliser au cours de ses nombreux voyages rendraient peut-être compte des noms *Grímr* et *Siðhǫttr* ; de même que la perte de l'un de ses yeux – Odin avait dû mettre un œil en gage pour pouvoir boire dans Mimisbrunn, source de sagesse et d'intelligence – est sans doute à l'origine de termes comme *Bileygr*, *Blindi* et éventuellement *Hár*.

Dans cette liste se trouvent des vocables directement associés à la guerre et aux armures, qui rappellent qu'Odin, en tant que dieu des batailles, était chargé d'apporter son soutien aux plus nobles combattants tout en sélectionnant les grands champions – des guerriers aussi valeureux qu'Eric à la Hache sanglante – qui devaient grossir les rangs de son armée. Mais il faut noter que cette fonction même de recruteur divin incitait Odin à se montrer inconstant, fourbe et fantasque : il n'était pas rare qu'il trahisse tel vaillant champion après l'avoir favorisé pendant quelque temps, le laissant volontairement périr afin de pouvoir l'accueillir dans sa Valhöll. En fait, la déloyauté faisait partie intégrante de la nature d'Odin : elle lui était aussi consubstantielle que la ruse et les stratagèmes étaient inhérents à la psychologie des Vikings.

La mauvaise foi compte parmi les thèmes du poème eddique *Hávamál*. Odin y parle de son expérience de la vie, en expliquant cyniquement que les hommes et les femmes sont enclins à se trahir mutuellement :

> Aimer une femme dont le cœur est perfide,
> C'est comme guider sur la glace glissante
> un cheval non ferré,
> Une bête fougueuse, âgée de deux ans à peine
> et imparfaitement dressée ;
> Ou comme barrer par grand vent un navire
> sans gouvernail,
> Ou comme, pour un estropié, traquer un renne
> sur les pentes au dégel.

Après quoi il ajoute impartialement :

> Mais je parlerai sans détours, car je connais l'un
> et l'autre camp.
> Les esprits des hommes sont insaisissables aux
> femmes :
> C'est quand nos intentions sont les plus trompeuses
> que nous discourons le plus joliment.
> Ainsi sont bernés les cœurs les plus sages.

Puis le dieu évoque deux aventures qui illustrent ces deux types de trahison. Les mythes qui se rattachent à ces aventures ne sont relatés que partiellement, et le premier n'est connu que par les *Hávamál* ; mais le second est narré dans d'autres sources.

Le premier de ces récits a trait à un amour déçu d'Odin. S'étant épris de la « fille de Billing » – sans doute une géante –, le dieu s'était approché du lit de la jeune femme, qui lui avait demandé de revenir à la nuit tombante afin que personne ne fût témoin de leurs étreintes. Odin revint donc à l'heure convenue, mais il aperçut alors des hommes en armes qui montaient la garde auprès de la belle, tous pleinement éveillés et munis de torches enflammées. Il s'enfuit, puis fit une autre tentative au petit matin : les gens de la maison dormant cette fois à poings fermés, il espéra qu'il allait pouvoir enfin assouvir ses désirs, mais en fut empêché par un chien attaché au lit de la jouvencelle.

Nous connaissons déjà l'autre récit, puisqu'il concerne le vol de l'hydromel poétique : on a vu précédemment comment Odin délesta le géant Suttung de cette précieuse liqueur. L'auteur des *Hávamál*, toutefois, se focalise sur une séquence très particulière de ce mythe : la séduction de Gunnlod, fille du géant qui permit au dieu de boire tout l'hydromel ; le poète procède ici par allusions, supposant que les auditeurs combleraient les lacunes de sa narration en puisant dans leur propre savoir. Voici ce qu'il écrit :

> Du vieux géant je me mis en quête. Aujourd'hui,
> me voilà revenu,
> Mais, là-bas, guère je n'eusse obtenu
> en demeurant silencieux.
> Maintes fois, il me fallut chanter mes louanges
> Dans la demeure de Suttung.

(Ailleurs, les *Hávamál* soulignent à diverses reprises que l'homme qui aspire au succès doit être capable de se montrer éloquent quand cela est nécessaire.)

> Assise sur une chaise d'or, Gunnlod me fit
> Boire une lampée de ce précieux hydromel.
> Piètre récompense je lui offris
> Pour la sincérité de son cœur,
> Pour l'agitation de son esprit.

Puis vient une strophe obscure et peut-être déplacée, qui indique comment Odin s'introduisit dans l'antre de

Suttung en transperçant une montagne avec une vrille – à moins que ces vers ne nous disent comment il en ressortit.

Par la bouche de Rati [la vrille] je me frayai
un chemin
En rongeant le rocher,
Au-dessus et par-dessous passaient les routes
des géants.
Ainsi, je risquai ma tête.

Suit encore une strophe difficile, consacrée au nectar poétique, puis arrivent ces vers :

Je doute que j'eusse pu m'échapper
Du domaine des géants
Si je ne m'étais pas servi de la brave Gunnlod,
Cette excellente femme que j'ai serrée
dans mes bras.

Et maintenant, la conclusion de l'histoire :

Odin, je crois bien, avait prêté serment
sur l'anneau.
Comment se fier à sa parole ?
Il laissa Suttung estampé de son hydromel,
Et abandonna Gunnlod en larmes.

On sait par d'autres sources, dont l'une est anglo-saxonne, que les serments prêtés sur les anneaux sacrés étaient tenus pour particulièrement contraignants par les

Vikings ; mais le fourbe Odin n'hésita pas à se délier de cet engagement solennel.

En fait, cet épisode du vol de l'hydromel par Odin est si touffu qu'il appellerait d'innombrables commentaires. Par exemple, plusieurs passages des *Hávamál* mettent en garde contre l'ivrognerie :

Moins bonne qu'on ne l'assure
Est la bière, pour les fils des hommes.
Plus l'on boit, moins l'on sait
Quelles pensées on nourrit.

Puis on lit, immédiatement après ces quatre vers :

Héron de l'oubli s'appelle
L'oiseau qui plane au-dessus des beuveries :
Aux hommes il fait perdre la tête.
C'est dans ses plumes que je fus enchaîné
Dans la chambre de Gunnlod.

Ivre je fus,
Et même ivre mort,
Dans le logis du sage Fialar.
Boire n'est bon
Que si le buveur finit par recouvrer ses esprits.

Ici apparaît une image nouvelle : celle d'Odin séduisant Gunnlod sous l'emprise de la boisson. On pourrait donc aller plus loin : si ces deux strophes forment un tout, on devrait peut-être en déduire que la chambre de Gunnlod et le logis de Fialar sont un seul et même lieu.

Odin, ainsi, aurait volé l'hydromel non pas au géant Suttung, mais à Fialar, l'un des nains qui avaient fabriqué cette boisson en mélangeant le sang de Kvasir à du miel.

Snorri ajoute un prologue à cet épisode : à l'origine, explique-t-il, l'hydromel avait été brassé par les nains Fialar et Galar, mais ils l'avaient ensuite remis à Suttung pour le dédommager de la mort de ses parents, le géant Gilling et son épouse. Les nains, en effet, avaient invité Gilling dans leur bateau, mais l'esquif avait chaviré et le géant s'était noyé ; et sa veuve, quand elle avait été informée de l'accident, s'était lamentée si bruyamment que Fialar n'avait pu supporter ses cris. Les nains lui proposèrent donc de lui montrer les lieux du drame pour soulager son cœur, ce qu'elle accepta ; et Galar, dès qu'elle eut franchi le seuil de sa porte, la tua en lui précipitant une meule de moulin sur le crâne. Quand Suttung apprit cela, il fut outragé et jura de se venger ; empoignant les nains puis les conduisant jusqu'à un récif que la mer submergeait à marée haute, il les menaça de les abandonner sur cet écueil s'ils ne s'acquittaient pas de leur dette de sang, si bien que les nains ne purent sauver leur vie qu'en lui cédant l'hydromel. Après quoi le géant ramena le nectar chez lui et en confia la garde à sa fille Gunnlod.

Odin, sur ces entrefaites, décida de s'emparer de l'hydromel. Cheminant vers la forteresse de Suttung, il arriva dans un pré où il aperçut neuf esclaves en train de faire les foins : c'étaient les fermiers de Baugi, frère de Suttung, et tous travaillaient avec des faux dont le tranchant était émoussé. Odin demanda aux esclaves s'ils voulaient qu'il affûtât leurs lames, ce à quoi ils consentirent volontiers. Il s'exécuta, et les faux coupèrent si bien à l'issue de l'opération que les esclaves demandèrent au dieu s'il acceptait de leur vendre sa pierre à aiguiser. Odin, à cet instant, jeta sa pierre en l'air : les neuf hommes se précipitèrent pour la ramasser, et une mêlée si confuse s'ensuivit qu'ils se tranchèrent mutuellement la gorge avec leurs faux. Odin, ensuite, se dirigea vers la ferme, où Baugi lui fit part de son embarras : ses serfs, lui dit-il, venaient tous de périr, et il ne voyait pas comment les remplacer. Le dieu, prétendant s'appeler Bolverk (littéralement : « Celui qui cause le malheur » – même le plus stupide des géants aurait dû se méfier de ce nom !), déclara qu'il pourrait accomplir aisément le travail des neuf disparus en échange de gages modiques : il exigeait seulement une petite gorgée de l'hydromel de Suttung. Baugi répondit qu'il n'avait aucun droit sur cet hydromel, mais qu'il s'efforcerait quand même d'exaucer ce vœu. Le soi-disant Bolverk s'échina donc pendant tout l'été, puis il réclama son salaire à Baugi quand l'hiver arriva : tous deux allèrent trouver Suttung, mais le géant refusa de donner la moindre goutte du liquide. Alors fut conçu le stratagème qui permit au dieu de s'introduire dans la chambre de Gunnlod : Baugi et

Bolverk forèrent ensemble un trou dans le flanc de la montagne qui les séparait de l'hydromel, après quoi Odin s'insinua dans ce passage en se métamorphosant en serpent – on connaît la fin de l'histoire.

Odin, dans ce récit, est présenté sous un jour très déplaisant : il est décrit comme un être égoïste et sournois qui n'hésite pas à recourir aux ruses les plus machiavéliques (métamorphoses, déguisements, faux noms, traîtrises, etc.) pour parvenir à ses fins. Il faut, pour découvrir des portraits un peu plus positifs de ce dieu, se tourner vers des textes différents qui illustrent une autre de ses prétentions en le posant comme le Tout-Savant. Car Odin était aussi un dieu érudit : non seulement, comme on l'a vu, il avait acquis un savoir initiatique en s'offrant en sacrifice sur un arbre et acheté le droit de boire dans la source de la connaissance en mettant l'un de ses yeux en gage, mais il pouvait également s'informer en faisant parler les morts, en questionnant les sages, en utilisant les pouvoirs du *seiðr* et en envoyant ses deux corbeaux Hugin et Munin voler au-dessus des mondes.

Les textes qui dépeignent le savoir d'Odin – sa science cosmologique, sa connaissance du passé et de l'avenir – sont pour nous d'autant plus importants qu'ils sont inclus dans un petit groupe de poèmes sapientiaux qui jettent une lumière inestimable sur la mythologie et les croyances nordiques. Parmi ces poèmes figurent les

VafÞrúðnismál, qui narrent comment Odin se mesura à Vafthrudnir, géant réputé pour son immense sagesse. Les premières strophes résument une conversation entre le dieu et son épouse Frigg, à qui Odin demande des conseils qu'il ne suivra pas : doit-il ou non rendre visite à Vafthrudnir pour éprouver son savoir ? Frigg, après avoir vainement tenté de dissuader son époux de ce projet, réagit en compagne dévouée : elle dit au revoir à Odin, lui souhaitant de revenir sain et sauf de ce périlleux voyage. Une fois parvenu devant la demeure de Vafthrudnir, Odin adresse au géant un salut très cavalier, mais il est néanmoins invité à entrer aussitôt après qu'il a décliné son identité : il use encore une fois d'un pseudonyme, déclarant s'appeler Gagnrad. Le géant, ensuite, soumet son hôte à un bref interrogatoire préliminaire pour vérifier que c'est un adversaire digne de lui, puis il propose une joute : chacun questionnera l'autre à tour de rôle, le perdant payant sa défaite de sa vie. Relevant le défi, Gagnrad entreprend alors d'interroger Vafthrudnir sur les origines du monde, la nature des dieux et la fin de toutes choses, obtenant chaque fois d'excellentes réponses ; mais il remporte finalement la victoire grâce à une tricherie : « Qu'est-ce qu'Odin chuchota à l'oreille de son fils Baldr quand sa dépouille fut placée sur le bûcher funéraire ? », demande-t-il à son interlocuteur. Bien entendu, seul le dieu connaissait ce secret, et Vafthrudnir reconnut sa défaite en ces termes :

Nul homme ne sait ce qu'en ces temps lointains
Tu chuchotas à l'oreille de ton fils.
Ignorant que j'étais voué à la mort,
j'ai raconté mes antiques légendes
Et dit le destin des dieux.
Mais je comprends maintenant que j'ai fait assaut
contre Odin lui-même,
Aujourd'hui et à jamais le plus sage
d'entre tous les sages.

Un autre poème sapiential dont Odin est le protagoniste s'intitule *Grímnismál*. Les vers sont précédés ici d'une introduction en prose hautement narrative dont le texte nous est parvenu par le *Codex Regius*. Ces lignes content l'histoire d'Agnar et de Geirrod, jeunes princes dont l'embarcation, chassée vers la haute mer après qu'ils furent partis pêcher, s'était échouée sur une plage, non loin de la cabane d'un paysan. Les deux enfants, âgés respectivement de dix et huit ans, avaient passé tout l'hiver avec ce paysan et sa femme, et l'homme s'était pris d'affection pour Geirrod. Quand le printemps était arrivé, le couple leur avait procuré un bateau, et le paysan s'était entretenu seul à seul avec le cadet, lui donnant des conseils secrets.

Dès que les deux frères eurent regagné le rivage de leur terre natale, Geirrod, qui se tenait à la proue, sauta sur la grève et repoussa le bateau vers le large, y abandonnant son aîné. Puis il s'en retourna chez lui, où on lui apprit que son père était mort : proclamé successeur du souverain défunt, il monta sur le trône et devint un roi très renommé. Pendant ce temps, Agnar, l'héritier légitime, dériva jusqu'à un lieu désolé où il fut recueilli par des géants.

Ces dissensions fraternelles furent à l'origine d'une querelle divine, car Odin était le protecteur de Geirrod tandis que Frigg patronnait Agnar. Un jour que le couple contemplait le monde depuis leurs trônes respectifs, Odin déclara : « Regarde un peu à quoi s'occupe ton fils adoptif Agnar : il engrosse une géante dans une grotte ! Geirrod, mon fils adoptif, est roi et gouverne son pays. » A quoi Frigg rétorqua d'un ton acerbe : « Geirrod n'est qu'un ladre, il lésine tant sur les dépenses qu'il n'hésite pas à supplicier ses invités dès qu'il estime qu'ils sont trop nombreux. » Odin objecta que c'était une calomnie, puis paria avec son épouse qu'il réussirait à lui démontrer son erreur.

Odin se déguisa donc et s'introduisit dans le palais de Geirrod pour vérifier si les accusations de Frigg étaient fondées. Mais Frigg fut plus rusée que son compagnon, car elle dépêcha une messagère vers le roi pour l'avertir qu'un individu louche venait de pénétrer sur ses terres. Geirrod, ne reconnaissant pas Odin, fit arrêter le dieu pour l'interroger : le mystérieux visiteur dit seulement qu'il s'appelait Grimnir (« le Masqué » – ce nom aurait dû d'autant plus attirer l'attention de Geirrod que ledit

Grimnir portait un manteau bleu nuit qui faisait partie de la tenue traditionnelle d'Odin), puis il refusa de répondre à toute autre question. Geirrod, mécontent de ce silence, ordonna alors qu'Odin fût mis à la torture : il demanda qu'on allume deux grands feux et fit placer Grimnir entre leurs flammes, le laissant là huit jours entiers. Mais le roi avait un fils de dix ans auquel il avait donné le nom de son frère disparu (marque d'attention d'un goût très douteux !), et le jeune Agnar, prenant en pitié le malheureux supplicié – la chaleur était si intense que son manteau avait brûlé à même sa peau –, étancha la soif du dieu en lui apportant une pleine corne à boire. C'est à ce point que s'ouvre le poème proprement dit : les remerciements de Grimnir et l'annonce prophétique de la très grande récompense (l'accession au trône) qu'Agnar recevrait pour son geste miséricordieux forment la matière des premiers vers.

Après quoi suivent une cinquantaine de strophes où Odin montre l'étendue de son savoir en nommant les demeures des divers dieux et les animaux surnaturels qu'elles abritent ou en parlant de la création du ciel et des multiples trésors divins : toutes informations qui auraient dû mettre la puce à l'oreille de ses auditeurs ! Puis il conclut en prédisant la mort imminente de Geirrod et en révélant son identité :

Maintenant, tu peux voir Odin.
Approche-toi de moi, si tu l'oses.

La fin est en prose :

> Le roi Geirrod était assis, son épée sur les genoux, à demi dégainée. Quand il apprit que son visiteur était Odin lui-même, il se releva d'un bond pour aller le retirer des feux. Mais ses mains laissèrent échapper l'épée, qui tomba vers le sol, la garde en avant ; trébuchant, le roi s'embrocha mortellement sur la lame. Alors, Odin disparut, et Agnar régna pendant maintes années.

Thor

Passer d'Odin à Thor est aussi vivifiant que passer de l'ombre à la lumière : autant le premier de ces dieux est sournois, sinistre et complexe, autant le second est simple et direct. Thor, en effet, est avant tout un combattant : les géants, les monstres et les forces primordiales sont ses ennemis. Voici ce qu'en dit Snorri :

> Thor est le premier des dieux. On l'appelle Thor des Ases ou Thor le Conducteur de chariot. C'est le plus fort de tous les dieux et de tous les hommes [...]. Il possède trois biens très précieux. L'un est le marteau Miollnir, que les monstres du givre et les géants des falaises reconnaissent chaque fois qu'il s'élève dans les airs (cela n'est pas étonnant, car il a fracassé le crâne de maints de leurs pères et parents). Sa deuxième fameuse propriété est sa ceinture de force ; quand il s'en ceint, sa force divine est multipliée par deux. Et il détient encore

un troisième bien de très grande valeur : ce sont ses gants de fer ; sans eux, il ne peut empoigner son marteau.

Nombreux sont les mythes qui parlent de Thor. Quelques-uns sont évoqués dans d'anciens poèmes scaldiques qui attestent l'âge vénérable de ce matériel et témoignent peut-être de la ferveur des cultes qui durent être rendus à cette divinité pendant tout l'Age viking (il est significatif que Thor soit le seul dieu dont le nom est explicitement mentionné dans les inscriptions des stèles vikings – des formules comme « Que Thor sanctifie ces runes » ou « Que Thor sanctifie ces monuments » le dépeignent comme une divinité protectrice). Mais il n'est pas toujours aisé d'accéder à ces mythes, de même qu'il est souvent difficile de les interpréter en des termes allant au-delà de la pure et simple analyse narrative – de déterminer, en particulier, si ces récits exposent « quelque croyance populaire, afférente à des phénomènes naturels ».

L'histoire de la rencontre entre Thor et le géant Geirrod (qui n'a rien à voir avec le roi qu'Odin affronta) me servira d'exemple. Alors que le paganisme brillait de ses derniers feux en Scandinavie, le poète islandais Eilif Godrunarson composa un poème consacré à Thor qu'il intitula *Þórsdrápa* (Chant à la louange de Thor). Ce texte, qui n'a survécu que parce que Snorri le cite dans ses *Skáldskaparmál*, est tenu en général pour l'une des plus hermétiques de toutes les œuvres scaldiques ; Snorri en proposa une interprétation en contant cette histoire, mais comment savoir si ses commentaires sont pertinents ? Voici en tout cas sa version de ce mythe.

Loki, encore une fois, est présenté comme le fauteur de troubles initial. Ayant emprunté l'habit de faucon de Frigg, il avait volé jusqu'à la demeure de Geirrod et s'était posé sur le rebord d'une fenêtre par laquelle il avait regardé. Geirrod, n'appréciant pas d'être ainsi épié, avait ordonné que l'on attrape ce volatile trop curieux, et l'un de ses serviteurs avait donc entrepris de se hisser tout en haut d'un mur pour exécuter son ordre. Loki, prenant un malin plaisir à observer cette pénible escalade, attendit la toute dernière seconde pour déployer ses ailes, mais il tarda trop : ses pattes furent prises au piège quand il voulut s'envoler, et il fut capturé. Geirrod, dès qu'il vit de près les yeux du faucon, devina qu'il contemplait un être humain déguisé : il invita Loki à décliner son identité, puis, celui-ci gardant le silence, l'enferma dans un coffre où il l'affama. Et le procédé fut efficace, puisque Loki passa immédiatement aux aveux quand Geirrod le libéra trois mois plus tard : il dit qui il était, puis sauva sa vie en promettant au géant qu'il ferait venir Thor sur ses terres sans son puissant marteau ni sa ceinture de force.

Il n'est pas dit de quels arguments Loki usa pour convaincre Thor de le suivre sans ses armes, mais le fait est qu'il persuada le grand dieu de se mettre en route. Les deux voyageurs firent halte chez une géante qui leur révéla que Geirrod avait des mœurs très sanguinaires, l'aimable femme prêtant également à Thor trois objets qui n'allaient pas tarder à lui être très utiles : elle lui remit à la fois une ceinture de force qu'elle possédait, un bâton et des gants de fer. Une fois reparti, Thor marcha jusqu'à l'immense fleuve appelé Vimur, où il se ceignit de la ceinture et s'enfonça dans les flots, le bâton dans une main et Loki accroché à sa taille : il essaya de franchir ce fleuve, mais l'eau monta brusquement quand il parvint au milieu du gué, atteignant ses épaules. Il scruta les alentours, puis aperçut la géante Gialp, fille de Geirrod, en haut d'une gorge : elle enjambait le fleuve, une jambe sur chaque berge, et c'était elle qui provoquait cette crue (Snorri est beaucoup trop policé pour s'appesantir sur ce détail, mais on comprend à demi-mot : Gialp avait dû faire monter le niveau de l'eau en urinant dans la rivière – motif qui n'a rien d'étonnant dans une légende populaire, même si certains anthropologues et folkloristes préfèrent associer ce débordement à des menstruations). Thor, découvrant ce spectacle, remarqua avec philosophie : « C'est à sa source qu'une rivière doit être endiguée », puis il joignit le geste à la parole en lançant un énorme rocher sur la géante. Après quoi il atteignit la rive opposée et sortit de l'eau en s'agrippant aux branches d'un sorbier – c'est pourquoi, dit Snorri, cet arbre est appelé la « délivrance de Thor ».

A l'appui de ce passage est citée une strophe eddique

qui indique peut-être que Snorri élabora son récit en prose à partir d'une source en vers plus longue :

> Ne grossis pas, Vimur, car j'ai hâte de te traverser
> Pour fouler enfin les terres des géants.
> Sache que si tu croîs, ma force divine
> Croîtra elle aussi jusqu'aux confins des cieux.

Thor, ensuite, arriva chez Geirrod, où Loki et lui furent introduits dans une étable à chèvres – piètre abri pour des dieux de leur envergure ! Il n'y avait là qu'une seule chaise, que Thor s'adjugea, mais une très mauvaise surprise l'attendait : le siège se souleva aussitôt qu'il s'y assit, pressant son corps contre la charpente du toit. Il redescendit en appuyant son bâton contre les combles, et un grand craquement suivi d'un cri terrible se firent alors entendre : ce hurlement provenait des filles de Geirrod, qui avaient essayé d'écraser Thor contre le toit en soulevant sa chaise et auxquelles le dieu venait de briser les reins. Snorri illustre cette séquence à l'aide de quatre autres vers qui ne sont consignés que dans un seul manuscrit de son *Edda* :

> Une fois seulement j'ai employé toute ma force
> Dans le logis des géants :
> Quand Gialp et Greip, les filles de Geirrod,
> Tentèrent de me projeter dans les cieux.

Puis Geirrod fit appeler Thor dans sa salle de réception, qui était chauffée et illuminée par deux grands feux. Dès que le dieu se présenta devant lui, le géant ramassa avec des pinces un bloc de fer porté au rouge, qu'il jeta en direction de l'arrivant. Thor, heureusement, avait pensé à enfiler ses gants de fer : il saisit le projectile au vol et le relança vers Geirrod, qui s'abrita derrière un pilier de métal ; mais le lingot traversa le pilier, transperça le corps de Geirrod et alla se ficher dans la terre après avoir encore percé un mur. Ce dénouement est corroboré par une page curieuse des *Gesta Danorum* où Saxo Grammaticus parle d'une expédition aventureuse que les Danois avaient montée dans le nord de la Scandinavie et décrit les scènes effrayantes qu'ils y contemplèrent. Les Danois, nous dit cet historien, pénétrèrent un jour dans une cité délabrée où se dressait une grande salle de pierre qui avait grand besoin d'être balayée et décorée ; puis ils aperçurent « un amas de rochers fracassés non loin desquels gisait la dépouille d'un vieillard : il reposait sur une estrade surélevée, juste derrière les pierres brisées, et son corps était transpercé de part en part ». Le chef danois Thorkell expliqua à ses hommes que « jadis, Thor, exaspéré par l'insolence des géants, avait lancé une roue chauffée à blanc à travers le ventre de son ennemi Geruthus ; et que, volant plus loin, elle était allée s'enfoncer dans le flanc des montagnes après avoir tout détruit sur son passage ». Près de ce lieu furent aussi découverts les cadavres de deux femmes qui avaient le dos brisé.

Cet étrange récit a de quoi rassasier le plus affamé des

mythologues, car il soulève d'innombrables questions. Des exégèses fort imaginatives en ont été proposées. Ce mythe, s'est-on demandé, ne renverrait-il pas à l'initiation des jeunes mâles ? Thor, privé de ses armes, ne symboliserait-il pas le jeune guerrier, désarmé devant ses ennemis humains et animaux ? Ou devrait-on plutôt considérer que la puissance divine entre ici en conflit avec les forces de la nature ? Thor, dieu jeune et viril, n'affronterait-il pas finalement « la double menace de l'attachement excessif aux objets féminins associés au lien maternel et de la rivalité destructrice qui oppose au père » ? Pour ma part, j'en conclus que les livres peuvent être interprétés jusqu'à plus soif, et que nombre de doctes études se révèlent mortellement ennuyeuses.

Mais les prouesses de Thor ont inspiré bien d'autres intrigues : dans la *Lokasenna*, par exemple, son duel avec le géant Hrungnir est évoqué en des termes qui montrent que l'épisode était célèbre. Vers la fin de ce poème, Loki dépasse tant les bornes que Thor s'efforce de le calmer. S'entendant répondre sardoniquement : « Mais pourquoi enrages-tu comme cela ? », Thor se fait menaçant :

> Tais-toi, scélérat ! Mon puissant marteau,
> Miollnir, va te réduire au silence.
> De ma main droite, je t'écraserai avec l'arme
>   qui occit Hrungnir,
> Brisant chaque os de ton corps.

Et il réitère ces menaces dans sa tirade suivante :

> Le meurtrier de Hrungnir t'expédiera chez Hel,
> Te faisant franchir les portes de la mort.

Les poèmes scaldiques font aussi allusion à la mort de Hrungnir, mais c'est encore une fois Snorri qui fournit le plus de détails.

Hrungnir était un horrible géant dont la tête et le cœur étaient faits de pierre dure ; il possédait un bouclier prodigieusement épais qui était aussi en pierre, et avait pour arme une énorme pierre à aiguiser qu'il transportait sur ses larges épaules. Odin et lui s'étaient querellés pour une histoire de chevaux : chacun ayant prétendu que sa monture était la meilleure, Odin avait enfourché Sleipnir et Hrungnir s'était élancé à sa poursuite, en proie à une effroyable colère ; puis le géant avait galopé avec une telle ardeur qu'il n'avait pu s'arrêter à temps en parvenant devant Asgard, et avait enfoncé les grilles du palais des Ases.

Les dieux invitèrent courtoisement Hrungnir à vider quelques coupes en leur compagnie, mais leur hôte s'enivra tant qu'il commença à se vanter, proclamant son intention de les tuer tous et d'enlever les déesses. Les Ases, alors, firent appeler Thor, qui pénétra furieux dans la salle du banquet : il exigea de savoir qui avait convié cet ennemi en ce lieu et demanda pourquoi on lui servait ainsi à boire. Hrungnir déclara qu'Odin lui avait accordé sa protection tant qu'il resterait à Asgard, mais qu'il n'en acceptait pas moins d'affronter Thor en terrain neutre, à la frontière de leurs territoires respectifs.

La nouvelle de l'affrontement se répandit chez les géants pendant que Hrungnir courait chercher son bouclier et sa pierre à aiguiser : songeant que l'issue du duel était plus qu'incertaine, ils fabriquèrent un colossal guerrier d'argile auquel ils donnèrent un cœur arraché à la poitrine d'une jument (seul ce cœur avait été jugé assez gros pour animer la statue). Puis Hrungnir, debout à côté de ce pitoyable second (la créature d'argile pissa sous elle tant elle était effrayée), attendit Thor et son serviteur Thialfi, qui devait assister le dieu dans son combat.

Thialfi, qui excellait dans la course à pied, devança son maître ; haranguant Hrungnir, il lui expliqua qu'il ne devrait pas porter son bouclier devant lui, car Thor ne manquerait pas de l'attaquer en surgissant du plus profond de la terre : le prenant au mot, le géant plaça son bouclier sous ses pieds et se campa dans cette position tout en empoignant sa pierre à aiguiser. Sitôt après apparut Thor, emporté par sa divine fureur : il jeta son marteau vers Hrungnir, qui répliqua en lançant sa pierre à aiguiser. Les deux armes se heurtèrent en plein vol, et la pierre se cassa en plusieurs morceaux : quelques-uns tombèrent sur le sol (de là, écrit Snorri, l'origine de toutes les montagnes où l'on trouve des pierres à aiguiser) et un autre se planta dans la tête de Thor, le renversant. Mais le marteau Miollnir poursuivit sa course et alla fracasser le crâne de Hrungnir, qui tomba à son tour sur son adversaire, l'écrasant sous l'une de ses jambes. Quant à Thialfi, il ne fit qu'une bouchée du géant d'argile.

Thor resta donc étendu sur le sol, coincé sous la lourde jambe du géant. Les Ases tentèrent de le relever, mais ils échouèrent : seul Magni, jeune fils de Thor (il n'était âgé que de trois ans), réussit à libérer son père, et le dieu le remercia poliment en lui disant qu'il deviendrait certainement quelqu'un de très fort.

Thor rentra ensuite chez lui, le fragment de pierre à aiguiser toujours fiché dans sa tête. Les dieux, pour le soigner, s'adressèrent à une sorcière nommée Groa, épouse d'un mystérieux Aurvandil : elle psalmodia des incantations au-dessus de Thor jusqu'à ce que la pierre commence à se déchausser. Mais Thor, voulant récompenser Groa en lui étant agréable, entreprit de lui raconter comment il avait aidé autrefois son mari à traverser les flots glacés des Elivagar en le transportant dans un panier : l'un des orteils d'Aurvandil, qui dépassait du panier, ayant gelé, Thor l'avait cassé et jeté vers le ciel, où il était devenu une étoile. Ce récit ravit tant Groa qu'elle en oublia ses incantations et que la pierre resta enfoncée dans la tête du dieu. C'est pourquoi, dit Snorri, il ne faut surtout pas laisser tomber de pierre à aiguiser dans une maison : car le fragment de pierre tremble alors dans la tête de Thor. Et de là, aussi, l'origine de certaines *kenningar* : par exemple, « plat de la semelle de Hrungnir » pour « bouclier », ou « Fendeur du crâne de Hrungnir » pour Thor.

Thor était aussi appelé « Ennemi du serpent cosmique », en référence au combat qu'il avait livré contre le monstre marin Iormungand. Ce mythe, illustré par des gravures sur pierre vikings, est narré en détail dans le poème eddique *Hymiskviða*, où il est intégré à une fresque plus large : Thor, lit-on ici, était venu affronter le terrible géant Hymir afin de s'emparer de son chaudron, seul assez vaste pour brasser la bière de tous les Ases. Snorri, qui disposait d'autres sources, relate cet épisode mythique en des termes clairs et élégants – mais il n'explique pas pourquoi le dieu avait rendu visite au géant, précisant uniquement qu'il lui avait demandé l'hospitalité pour une nuit à l'occasion d'un voyage.

Le lendemain matin, Hymir se prépara à aller pêcher en mer et Thor voulut se joindre à lui. Le géant refusa, arguant que le dieu était trop faible pour l'accompagner et soulignant qu'il serait transi de froid par l'air du large, mais Thor insista tant que Hymir l'invita à se procurer un appât : le dieu, pour ce faire, se dirigea vers un troupeau de bœufs qui appartenait à Hymir, choisit la plus grosse bête, la décapita et porta sa tête jusqu'au rivage où le géant venait de lancer sa barque. Après quoi il monta à bord et rama avec Hymir ; ils atteignirent bientôt des bancs de pêche où abondaient les poissons plats, mais Thor dit qu'il voulait aller plus loin et continua à pagayer vigoureusement, n'écoutant pas l'avertissement de Hymir selon lequel ils risquaient de rencontrer le serpent Iormungand s'ils poussaient plus avant. Quand Thor accepta enfin de relever ses avirons, il fixa un énorme hameçon au bout d'une longue ligne et le jeta à l'eau après y avoir accroché la tête du bœuf : le serpent engloutit immédiatement l'appât et l'hameçon, qui se planta dans sa gueule. Sitôt qu'il fut ferré, Iormungand eut un si violent soubresaut que les mains de Thor heurtèrent bruyamment le plat-bord, et le dieu, ivre de colère, s'arc-bouta tant sur la ligne que ses pieds traversèrent la barque et touchèrent le fond de la mer. Usant de toute sa force, Thor hissa le monstre au-dessus de l'eau et le défia du regard, le serpent le toisant lui aussi tout en lui crachant son venin au visage. Mais, à l'instant même où Thor allait abattre son marteau sur le serpent, le géant, terrorisé, trancha la ligne avec un couteau, permettant ainsi au monstre de s'échapper. Le dieu lança donc son marteau vers Iormungand, et, ajoute Snorri – ou plutôt le Très-Haut –, « certains disent qu'il réussit à le tuer, mais je ne suis pas de cet avis : j'estime au contraire que le serpent vit toujours dans l'océan qui entoure les terres ». Quant à Hymir, Thor fut si furieux contre lui qu'il le précipita par-dessus bord d'un coup de poing avant de regagner le rivage à pied.

Même si leurs détails diffèrent largement, les mythes que je viens de résumer participent d'une thématique commune : ils présentent Thor comme une divinité combattante qui affronte des créatures monstrueuses, décrites comme les ennemis des dieux – voire de l'humanité elle-même. Ce motif se retrouve aussi bien dans les autres matériaux mythologiques qui ont pu parvenir jusqu'à nous que dans les *kenningar* scaldiques qui paraissent renvoyer à des mythes inconnus, tout comme relèvent également de ce schéma les nombreux récits où Thor, absent d'Asgard, revient juste à temps pour sauver les dieux de tel ou tel péril : j'ai raconté dans un chapitre précédent comment Thor occit à point nommé le géant qui avait fortifié le domaine des Ases.

Thor, on le sait, était particulièrement vénéré par les Vikings. Dans le grand temple d'Uppsala, écrit Adam de Brême, se dressaient les statues de trois dieux qui peuvent être identifiés comme Thor, Odin et Freyr. Thor, « le plus puissant des trois », était placé au milieu : « il gouvernait l'air, commandant au tonnerre et aux éclairs, aux vents et aux averses, au beau temps et aux récoltes ». Quand la maladie ou la famine menaçaient, tout porte à croire que c'était à Thor que l'on offrait des sacrifices : même si cette pratique n'est pas confirmée par la mythologie norvégienne ou islandaise, elle permettrait de comprendre pourquoi ce dieu jouissait d'une telle popularité dans les petites communautés de paysans et de pêcheurs scandinaves. Thor, en effet, est la seule divinité du panthéon nordique dont le nom a concouru à former maints patronymes vikings, tant masculins *(Thorsteinn, Thorfinnr)* que féminins *(Thorgerðr, Thorgunnr)*. Et les sagas islandaises postérieures parlent souvent de personnages qui l'avaient érigé au rang de leur dieu personnel, tel ce Thorolf de l'île de Mostr. Ce Norvégien, « gardien du temple de Thor dans son île natale, était un grand ami de Thor, et c'était pourquoi il s'appelait Thorolf ». En une période de graves turbulences politiques, « il organisa une grande fête sacrificielle et consulta son ami bien-aimé pour savoir s'il devait s'entendre avec son roi ou s'expatrier pour recommencer sa vie ailleurs ; et Thor conseilla à Thorolf de partir vers l'Islande ». Quand il parvint en vue des côtes islandaises, Thorolf jeta par-dessus bord les poteaux de bois qui avaient soutenu le siège d'honneur qui trônait dans la demeure de ses ancêtres norvégiens : « la silhouette de Thor était sculptée sur l'un de ces poteaux, et Thorolf décida qu'il s'établirait à l'endroit même où le dieu aurait touché terre ». Les colons suivirent ces poteaux au gré des flots, et ces pièces de bois s'échouèrent finalement sur le rivage d'un promontoire situé à l'ouest de l'Islande. « Ce lieu, dit la saga, a été appelé Thorsnes » – et il porte encore ce nom de nos jours.

Baldr et Loki

L'un des plus célèbres mythes nordiques implique deux dieux qui se distinguent radicalement de ceux jusqu'ici évoqués : Baldr et Loki. Baldr, même s'il est souvent nommé dans les légendes nordiques, y joue rarement un rôle actif. Snorri, qui le présente comme le fils d'Odin, dit que c'est le meilleur des dieux et lui prête nombre de qualités (il loue sa beauté et sa luminosité, vante sa sagesse, son éloquence et sa clémence), mais il ne le décrit pas moins comme un personnage inefficace et velléitaire : Baldr était sans doute une sorte de dieu de la justice, car son fils Forseti réglait tous les litiges dans son grand tribunal de Glitnir ; or Snorri écrit à propos du père qu'« aucun des jugements qu'il rendait n'était suivi d'effet ». Et Baldr devait avoir aussi une fonction martiale, car maintes *kenningar* pour « guerrier » incluent son nom.

Loki est déjà apparu dans ce livre, et il est certain que c'est une créature extrêmement complexe, mi-divine, mi-démoniaque. Dans la *Þrymskviða*, il est figuré comme une divinité entreprenante et spirituelle qui apporte son soutien à Thor tout en se moquant gentiment du grand dieu. Dans le passage de la *Gylfaginning* où l'on apprend comment Asgard fut fortifié par un géant architecte, son astuce ne l'empêche pas de se montrer imprudent et malavisé : Loki, à cause de son imprévoyance, met les dieux en très mauvaise posture. Et il trahit carrément les Ases quand Thiazi vole les pommes de la déesse Idunn : il faut ici que sa vie soit menacée pour qu'il se décide à changer d'attitude. Enfin, Loki était censé affronter les dieux lors de la fin du monde : il devait conduire les armées du mal, affrontant Heimdall en combat singulier. Snorri résume en ces termes les contradictions de son caractère :

> Est compté également parmi les Ases celui que certains appellent « Calomniateur des dieux », « Père des tromperies » ou « Honte de tous les dieux et de tous les hommes ». Il porte le nom de Loki ou de Loptr, et c'est le fils du géant Farbauti [...]. Loki est joli à regarder et a fière allure, mais il est mauvais par nature et capricieux dans ses humeurs. Plus que tout autre être, il possède cette sorte d'état d'esprit que nous nommons rouerie, et ourdit des stratagèmes sur tout et rien. Il a souvent causé les pires ennuis aux dieux, mais souvent aussi il les tira d'affaire par ses manœuvres astucieuses.

Après quoi Snorri passe en revue la progéniture illégitime que Loki conçut avec la géante Angrboda (nom particulièrement sinistre, puisqu'il signifie « Celle qui annonce le malheur ») : le loup Fenrir, le serpent cosmique Iormungand et Hel, la déesse des morts. « Quand les dieux découvrirent que ces trois enfants étaient élevés à Iotunheim, ils consultèrent les oracles et apprirent que ces créatures leur feraient un tort immense et seraient la cause de désastres inouïs ; tous comprirent qu'ils ne devaient attendre que du mal de la part d'une telle engeance, d'abord du fait de la nature de leur mère, mais plus encore en raison de leur ascendance paternelle. » Odin, dès qu'il prit connaissance de cette prophétie, s'empara des enfants monstrueux : il précipita le serpent dans les profondeurs océaniques, où celui-ci grandit tant qu'il finit par encercler toutes les terres habitées, puis jeta Hel dans des mondes souterrains où elle accueillit tous ceux qui mouraient de vieillesse ou de maladie ; quant à Fenrir, nous avons vu le sort qui lui fut réservé.

La figure énigmatique de Loki a attiré l'attention de nombreux chercheurs, qui ont parfois formulé des interprétations très pertinentes. Parmi les études les plus récentes consacrées à cette divinité si complexe, la contribution la plus importante a peut-être été apportée par Georges Dumézil, qui a souligné que ce dieu/démon et le diable Syrdon des légendes caucasiennes pourraient bien avoir une origine commune. Si cette hypothèse est fondée, la dimension négative de Loki – cet aspect « semeur de discorde » qui le différencie de tous les autres grands dieux nordiques – s'enracinerait dans un passé très lointain.

Baldr

Il convient d'aborder le mythe de la mort de Baldr en citant les *Baldrs draumar* (Rêves de Baldr) : cette œuvre relativement tardive n'est pas contenue dans le *Codex Regius*, mais dans un autre court manuscrit (ms AM 748, 4°) où sont conservés divers matériaux eddiques. Comme dans la plupart des poèmes dialogiques, l'argument est d'abord résumé en quelques vers :

> Les Ases tinrent promptement conseil,
> Les Asyniur [les déesses] elles aussi s'assemblèrent
> Et les plus formidables puissances ruminèrent de concert,
> Tous se demandant pourquoi Baldr avait fait ces songes de si mauvais augure.

Puis Odin entre en action, sellant sa monture, chevauchant jusqu'au royaume des morts et tirant de son dernier sommeil une voyante défunte pour lui demander des explications. Mais la femme répugne à parler et conclut toutes ses déclarations par des propos amers : « C'est contre mon gré, répète-t-elle sans arrêt, que je viens de m'exprimer ; mes lèvres, désormais, resteront closes. » Odin, pourtant, la contraint chaque fois à parler en lui intimant avant chacune de ses questions :

> Sors de ton silence, sorcière ! Encore et encore
> je te questionnerai,
> Car il me faut en savoir davantage en attendant
> de tout savoir.

C'est ainsi que, peu à peu et malgré ses lamentations, la sibylle réveillée d'entre les morts permet à Odin de progresser dans son enquête. Pourquoi de tels préparatifs dans le séjour des trépassés ? interroge le dieu. Réponse : on attend que Baldr fasse son entrée, brassant de l'hydromel pour lui. Comment Baldr périra-t-il ? Hod lui ôtera la vie, c'est lui qui tuera le fils d'Odin. Qui vengera sa mort ?

> Dans les demeures occidentales, Vali naîtra
> de Rind.
> A peine d'une nuit âgé, il vengera la mort du fils
> d'Odin.
> Il ne se lavera pas les mains, ni ne peignera sa
> chevelure,
> Tant que l'assassin de Baldr n'aura pas brûlé sur
> le bûcher funéraire.

Mais une strophe de la *Lokasenna* révèle qui est le véritable auteur de ce crime. Répondant à une menace de Frigg, épouse d'Odin, Loki s'écrie :

J'ai fait en sorte que plus jamais
Tu ne puisses revoir Baldr en ce lieu.

Loki était l'instigateur du meurtre (le *rábani*) ; Hod, bien que meurtrier *(handbani)* de Baldr, n'avait été qu'un exécutant innocent.

Non seulement Snorri ajoute foi à ces insinuations, mais il met en relief la malignité innée de Loki en le dépeignant d'emblée comme un être jaloux et perfide, qui fait périr Baldr par pure méchanceté. Le bon Baldr, explique-t-il au début de son récit, avait fait des rêves funestes qui annonçaient sa mort prochaine. Frigg, agissant au nom des dieux, s'efforça d'exorciser le péril en faisant jurer partout qu'aucun mal ne serait fait à son fils : « le feu et l'eau, le fer et toutes les espèces de métaux, les rochers, la terre, les arbres, les maladies, les bêtes sauvages, les oiseaux, les poissons et les serpents venimeux », tous les êtres et toutes les choses de la création prêtèrent ainsi serment. Puis les Ases, pour vérifier l'invulnérabilité de Baldr tout en se divertissant, formèrent un cercle autour du dieu et le prirent pour cible, l'attaquant ou le visant avec des flèches, lances, épées, haches, pierres, etc. Baldr sortit indemne de l'épreuve, mais un désastre se préparait.

Se déguisant en femme, Loki alla trouver Frigg et s'enquit des raisons de l'immunité de Baldr : la déesse parla d'abord des serments, puis elle révéla un funeste secret après que sa visiteuse lui eut encore demandé si toutes les créatures avaient vraiment juré d'épargner Baldr. « A l'ouest de la Valhöll, répondit-elle, pousse un drageon que l'on appelle gui. Il m'a paru trop jeune pour que je réclame son serment. » Loki se rendit sur ces lieux, arracha le gui avec ses racines et s'empressa de l'amener sur le terrain de jeu. Hod, le dieu aveugle, ne participait pas aux réjouissances. « Pourquoi ne tires-tu pas toi aussi sur Baldr ? », lui dit Loki. « En premier lieu parce que je ne peux le voir, ensuite parce que je n'ai pas d'arme. » Mais Loki tenta Hod en lui laissant entendre qu'il serait merveilleux que lui aussi concoure à démontrer l'invulnérabilité de Baldr. « Je t'indiquerai où il se trouve, continua-t-il. Tiens, prends ce trait et décoche-le contre lui. » Hod, guidé par Loki, lança le rameau de gui, et Baldr tomba mort.

Le chagrin s'abattit sur les dieux, et ils furent d'autant plus consternés que l'exercice de tir s'était déroulé sur une place sacrée où aucune violence ne devait être exercée : ils ne pouvaient donc venger la mort de Baldr, quoique sachant très bien par qui ce crime avait été perpétré. Ils essayèrent de parler et éclatèrent en sanglots, puis Frigg s'exprima ; témoignant d'un sens pratique très féminin, elle proposa que quelqu'un ait le courage de chevaucher jusqu'au séjour des morts pour demander à Hel si elle consentait à laisser revenir Baldr à Asgard. Le grand héros Hermod accepta d'accomplir ce périlleux voyage, et il partit aussitôt sur le dos de Sleipnir, la magnifique monture d'Odin. Après quoi les Ases se préparèrent à célébrer les funérailles de Baldr.

Les dieux dressèrent le bûcher funéraire sur Hringhorni, le navire du dieu défunt. Ne parvenant pas à déplacer Hringhorni du rivage où il avait été tiré, ils firent venir la sorcière Hyrokkin, qui lança le bateau à l'eau d'une poussée si violente que les traverses de roulage placées sous sa quille s'enflammèrent et que toute la terre trembla. Puis ils portèrent Baldr à bord, allongèrent à côté de son cadavre le corps de Nanna, la veuve de Baldr, qui était tombée raide morte en observant la triste scène, et procédèrent enfin à la crémation après avoir entassé divers trésors sur le bûcher. L'anneau d'or Draupnir brûla ainsi à côté d'un nain qui avait eu le malheur de bondir devant Thor : le dieu lui donna un coup de pied pour se porter chance, et le nain fut projeté dans le brasier, où il périt.

Hermod, entre-temps, avait suivi une route longue et ténébreuse qui l'avait conduit jusqu'aux rives de Gioll. Une fois arrivé devant les berges de ce fleuve qui séparait le monde des vivants de celui des morts, il traversa un pont qui retentit autant sous les sabots de Sleipnir que si cinq légions de trépassés l'avaient emprunté, puis il reprit sa chevauchée jusqu'à ce qu'il atteignît les grilles du domaine de Hel : il éperonna alors son destrier, sauta par-dessus l'obstacle en un bond prodigieux et se dirigea vers un vaste bâtiment où il aperçut Baldr. Là, il supplia Hel de libérer le dieu en alléguant que toutes les créatures le chérissaient et regrettaient sa disparition, mais la déesse resta sceptique : « Si tous les êtres, qu'ils soient vivants ou inanimés, le pleurent, dit-elle, Baldr pourra s'en retourner chez les Ases ; mais si quelqu'un s'y oppose et refuse de le pleurer, il restera avec moi. »

Hermod rapporta ce message aux dieux, qui dépêchèrent partout des ambassadeurs pour faire connaître la décision de Hel, et tout un chacun – non seulement les hommes et les animaux, mais aussi la terre, les rochers, les arbres et tous les métaux – se plia à l'exigence de la déesse, à une exception près. En effet, alors qu'ils revenaient chez eux après s'être acquittés de leur mission, ces émissaires passèrent devant une grotte où était assise une géante qui prétendit s'appeler Thokk. Ils lui ordonnèrent de pleurer la mort de Baldr pour qu'il pût échapper à Hel, mais voici ce qu'elle leur rétorqua :

Des larmes sèches seulement je verserai
Pour les funérailles de Baldr.
Vif ou mort, le fils de l'homme ne m'a jamais
rendu le moindre service.
Que Hel conserve son bien !

Et Snorri ajoute : « On devine que cette sorcière n'était autre que Loki, fils de Laufey, qui causa toujours le plus grand tort aux Ases. »

Voilà un mythe qui éveille de singulières résonances ! Même si elle est présentée ici dans une version où les traits nordiques abondent, cette histoire a des équivalents dans maintes autres mythologies : non seulement, en effet, le motif du dieu « mis à mort » (et qui peut aussi ressusciter) est au centre de l'expérience chrétienne, mais il apparaît également dans l'antique légende égyptienne d'Osiris, dans les mystères proche-orientaux d'Adonis ou (sous une forme plus héroïque que mythologique) dans le conte finnois de Lemminkainen. Les raisons de ces similitudes – archétypes communs ou influence d'une civilisation sur une autre ? – sont encore âprement débattues.

Mais le récit de Snorri ne s'arrête pas là, car le véritable responsable de la mort de Baldr, même s'il ne fut pas puni par la mort, n'en subit pas moins un terrible châtiment. Loki, pour fuir le courroux des dieux, se réfugia dans une maison dotée de quatre portes qui permettaient de voir dans toutes les directions : il s'y cacha la nuit, se transformant en saumon durant la journée pour aller se dissimuler dans une proche cascade. Un jour que du feu brûlait devant lui, le fugitif se demanda comment les Ases pourraient réussir à l'attraper : il pensa alors au principe du filet de pêche, et en fabriqua immédiatement un prototype avec du fil de lin tressé. Tous les filets, ensuite, furent conçus d'après ce modèle.

Odin, assis sur son grand trône de Hlidskialf, aperçut Loki et indiqua aux dieux où il se trouvait. Quand les Ases s'approchèrent de sa cachette, Loki jeta le filet dans le feu et plongea dans la cascade : le filet se consuma, mais il laissa des traces bien nettes dans la cendre. Or le sage Kvasir comprit tout de suite à quoi servait l'objet qui avait laissé ces cendres : il l'expliqua aux dieux, qui fabriquèrent aussitôt un filet similaire et se dirigèrent vers les rapides pour tenter de capturer Loki. Ils draguèrent la rivière jusqu'à la mer, et Loki leur échappa par deux fois en s'aplatissant contre les galets du fond ou en sautant par-dessus le filet ; mais la troisième tentative fut la bonne : Thor, cette fois, saisit le saumon par la queue pendant qu'il bondissait.

Les Ases, ensuite, ligotèrent le dieu sur trois grosses pierres placées sous ses épaules, ses reins et ses genoux, puis ils suspendirent au-dessus de lui un serpent venimeux qui lui cracha du venin sur le visage. Sigyn, la fidèle compagne de Loki, s'efforça de protéger son époux en recueillant les gouttes de poison dans une cuvette ; mais, chaque fois que le récipient était plein et qu'elle allait le vider, du venin dégouttait sur le prisonnier : il tressaillait alors si violemment que la terre tout entière tremblait. Et Loki ne se dégagea de ces liens que le dernier jour du monde, précipitant la destruction des dieux.

C'était en ces termes que le mythe de la mort de Baldr était raconté ou évoqué dans les textes norvégiens et islandais ; mais plus à l'est, au Danemark, existait une autre tradition narrative beaucoup moins pittoresque, que Saxo Grammaticus a consignée dans ses *Gesta Danorum*. Cet auteur aspirant à faire œuvre historique plutôt que mythologique, les dieux sont remplacés ici par des rois (ou tout au plus par des demi-dieux et autres créatures surnaturelles), tandis que l'intrigue est transplantée dans un Danemark pré-hamlétien où l'on voit les deux rivaux Hotherus et Balderus se disputer à la fois le trône du pays et les faveurs de l'adorable princesse Nanna, fille de Gevarus, père adoptif de Hotherus. Hotherus, quoique simple mortel, possédait de nombreux talents : c'était un athlète complet et un musicien accompli. Balderus, lui, avait une ascendance plus équivoque, étant le fils d'un certain Othinus d'Uppsala à qui, comme Saxo le remarque avec causticité, « l'Europe tout entière avait attribué le faux titre de divinité » : cette douteuse parenté valait à Balderus d'être tenu pour un *semideus*, ou demi-dieu. Hotherus, enfin, était le prétendant attitré de Nanna, mais Balderus (éprouvant là un émoi très humain) s'était épris de la princesse après l'avoir surprise dans son bain.

Balderus et Hotherus s'opposaient donc pour un double motif : non seulement ils lorgnaient tous les deux sur la belle Nanna, mais chacun souhaitait s'emparer des royaumes suédois et danois. Le premier descendait des dieux, mais le second bénéficiait aussi de puissants appuis, puisqu'un groupe (ou peut-être plusieurs) de « nymphes des bois » *(sylvestres virgines, nymphae)* l'aidèrent à diverses reprises : ces créatures surnaturelles, qui décidaient de l'issue des combats en dispensant d'utiles conseils tactiques, avaient offert à Hotherus une solide cuirasse dont il allait faire un excellent usage.

Balderus ne pouvant être atteint par aucune arme d'acier, Hotherus s'avisa que seule une épée très spéciale pourrait lui conférer l'avantage : il la déroba, en même temps qu'un bracelet qui avait le pouvoir d'accroître la richesse de quiconque le portait, à un *satyrus* nommé Mimingus qui vivait dans une caverne perdue dans les étendues glacées. Ainsi équipé, Hotherus partit chercher l'aventure, et Balderus profita de son absence pour demander la main de Nanna : elle lui répondit qu'il ne lui semblait pas convenable qu'une mortelle s'unisse à un dieu, ce qui le plongea dans un profond dépit.

Hotherus, indigné par l'outrecuidance de son rival, rassembla une armée, la transporta sur des nefs, attaqua Balderus et le défit en dépit du soutien que lui avaient apporté Othinus, Thor et d'autres prétendus dieux. Le vaincu prit la fuite et le vainqueur épousa Nanna, mais Balderus ne renonça pas pour autant, puisqu'il revint et livra à son adversaire une série de batailles qu'il remporta. Très abattu, Hotherus erra dans les forêts et y retrouva les nymphes sylvestres. Comme il leur reprochait de ne pas l'avoir aidé à triompher, elles lui recommandèrent d'abord d'accepter son sort avec philosophie, puis lui donnèrent un conseil plus pratique en l'incitant à voler l'aliment surnaturel où son ennemi puisait son énergie. Ragaillardi par ces suggestions, Hotherus lança une nouvelle attaque contre Balderus : après une journée de combats incertains qui se soldèrent par des pertes énormes dans les deux armées, il fouilla le camp de son ennemi, traqua les trois nymphes qui lui procuraient cet aliment sacré, les captura après avoir revêtu un déguisement, puis réussit (apparemment, car le texte n'est pas clair : ce passage semble présenter une lacune) à goûter au précieux nectar ; et il remporta ainsi la victoire après s'être également approprié un ceinturon merveilleux.

Hotherus, après cet exploit, rencontra par hasard Balderus et lui infligea une grave blessure avec son épée magique. Courageusement, celui-ci continua à se battre le jour suivant, assis sur sa litière, mais ses forces déclinèrent peu à peu et il périt trois jours après avoir été blessé. Il allait être vengé bien des années plus tard, après qu'Othinus eut conçu Bous avec Rinda, fille du roi des Ruthènes : ce fils d'Odin devait tuer Hotherus au cours d'une autre bataille.

Si différentes qu'elles soient, ces deux versions du mythe de Baldr se recoupent sur certains détails qui suggèrent l'existence d'un original commun. Se retrouvent à la fois chez Snorri et chez Saxo : les noms Baldr/Balderus, Hod *(Hǫðr)*/Hotherus, et Nanna ; le double thème de l'invulnérabilité et de la blessure infligée par une arme spéciale ; le meurtre de Baldr/Balderus par Hod/Hotherus ; et les bijoux magiques (l'anneau Draupnir/le bracelet). A des sources occidentales sont empruntés, tant par Snorri que par Saxo, le vocable nordique Rind/Rinda, nom de la mère du vengeur de Baldr/Balderus, ainsi que l'association de Baldr/Balderus aux valeurs martiales. Parallèlement, ces deux traditions présentent des variantes considérables : chez Saxo, Nanna épouse Hotherus, et non Balderus ; ce même Balderus passe du rôle de victime innocente à celui d'agresseur ; et le vengeur se nomme Bous, et non plus Vali (bien que, au risque de compliquer encore ce débat, je doive reconnaître que la strophe des *Baldrs draumar* où est fournie cette information comporte une émendation). Mais les deux versions divergent surtout quant à la place qu'elles accordent à Loki : chez Saxo, son intervention maléfique est totalement passée sous silence.

Loki

Dans la version nordique du mythe ici considéré, Loki est figuré sous des traits intrinsèquement démoniaques :

c'est un ennemi des dieux animé par le seul désir de détruire, qui joue un rôle similaire à celui qu'il tiendra lors de la bataille suprême qui mettra fin aux lois de ce monde. Bien entendu, on ne peut s'empêcher de penser à la figure du Diable dans la mythologie chrétienne, et il est possible que le christianisme ait ajouté tardivement une coloration luciférienne à des représentations nordiques antérieures. Dans le mythe de l'enlèvement d'Idunn, par exemple, Loki commet aussi des actes pernicieux, mais il y est contraint par un serment qui lui a été extorqué dans une situation très périlleuse. Et dans d'autres contextes encore il paraît plus espiègle que diabolique : il joue des tours triviaux qui ont parfois de redoutables conséquences.

« Pourquoi l'or est-il appelé "chevelure de Sif" ? », questionne Snorri dans les *Skáldskaparmál*. Parce que, répond-il, Loki coupa un jour tous les cheveux de la déesse – et Snorri précise qu'il le fit *til laevísi*, c'est-à-dire « par pur vandalisme ». Thor, l'époux de Sif, en fut très irrité, et il aurait certainement brisé les os de Loki si celui-ci ne lui avait promis qu'il obtiendrait des elfes, qui étaient des artisans très habiles, qu'ils confectionnent pour Sif une chevelure d'or qui pousserait sur son crâne comme de vrais cheveux. Respectant son serment, Loki alla trouver des nains qui fabriquèrent la chevelure en même temps qu'un navire (Skidbladnir) et une lance (Gungnir). Or Loki fut si impressionné par l'habileté de ces ouvriers qu'il engagea un pari imprudent – l'enjeu était sa propre tête ! – avec un nain nommé Brokk : il paria avec ce nain que son frère Eitri, forgeron de son état, ne serait pas capable de créer trois objets aussi beaux que ceux-là. Se mettant aussitôt à l'œuvre, Eitri plaça une peau de porc dans un fourneau et demanda à son frère Brokk d'actionner le soufflet, lui recommandant de ne pas s'interrompre avant qu'il le lui dise ; mais, dès qu'Eitri s'absenta, une mouche se posa sur le bras de Brokk et commença à le piquer ; Brokk ignora l'insecte jusqu'au retour d'Eitri, qui retira du foyer un verrat dont les soies d'or brillaient tant qu'elles illuminaient les ténèbres les plus obscures. Puis le forgeron disposa un lingot d'or dans l'âtre, et Brokk continua de manœuvrer le soufflet ; la mouche revint et lui piqua le cou, mais Brokk ne se laissa pas distraire de sa tâche. Quand Eitri réapparut, il put extraire de l'âtre l'anneau d'or Draupnir, d'où dégouttaient toutes les neuf nuits huit autres anneaux du même poids. Ensuite, du fer fut placé dans le fourneau et la mouche, cette fois, piqua Brokk sur les paupières : du sang lui coulant sur les yeux, il lâcha le soufflet un bref instant pour s'essuyer d'une main. Eitri arriva sur ces entrefaites et déclara que, maintenant, son travail était presque gâché, mais il sortit tout de même un marteau du foyer : bien qu'ayant un petit défaut – son manche était un peu court – du fait de l'intrusion de l'insecte, ce marteau ne manquait jamais sa cible, revenait de lui-même dans la main de celui qui le lançait et pouvait en outre se faire si petit qu'il tenait aisément dans une chemise. Même si Snorri ne le dit pas, on peut être sûr que cette mouche perturbatrice n'était autre que Loki, déguisé.

Mais comment départager les parieurs ? Odin, Thor et Freyr siégèrent pour rendre leur jugement. Loki donna d'abord la lance à Odin, la chevelure d'or à Thor et le bateau à Freyr, après quoi Brokk se présenta à son tour avec ses objets, remettant l'anneau à Odin, le verrat à Freyr et le marteau à Thor. Les dieux, qui avaient besoin d'une arme qui pût les défendre contre les géants, décrétèrent que le marteau était le meilleur de tous ces trésors : le nain fut donc proclamé vainqueur. Loki, qui avait misé sa tête sur sa victoire, proposa à Brokk de lui payer une rançon, mais celui-ci lui rétorqua qu'il n'en était pas question.

Loki s'enfuit, mais Thor le rattrapa et le livra au nain. Brokk s'apprêta alors à décapiter le perdant, et Loki, qui avait l'esprit très légaliste, eut soudain une idée de génie qui lui sauva la vie : il déclara au nain qu'il avait bien perdu sa tête, mais que son cou lui appartenait toujours. Si bien que Brokk se contenta finalement de coudre les lèvres de Loki avec une lanière – faute de pouvoir lui ôter la vie, peut-être voulut-il au moins l'empêcher de proférer des paroles malicieuses…

Ce récit, tel que le raconte Snorri, répond à une visée

structurelle très précise : il éclaire une longue séquence de matériaux mythologiques nordiques en expliquant comment les plus grands trésors des dieux ont été créés. Nul ne peut dire s'il s'agit là d'un dessein originel qui faisait déjà partie intégrante de ce mythe dès l'Age viking, mais une chose est certaine : Loki, dans cette histoire, n'a pas d'attributs divins. Il est décrit tout au plus comme un être qui pouvait changer de forme à volonté pour prendre l'aspect d'autres créatures – mais les êtres humains aussi étaient capables de ces métamorphoses surnaturelles dans les légendes nordiques.

Un autre texte de Snorri attire justement l'attention sur cette version quelque peu affadie de Loki : il y est question du séjour que Thor effectua à la cour du roi géant Utgard-Loki. Le dieu s'était mis en route sans raison définie, accompagné de Loki puis de Thialfi (c'était au cours de cette expédition qu'il l'avait recruté comme domestique). Après avoir rencontré un être de très grande taille (Skrymir) avec qui ils vécurent une aventure étonnante, les voyageurs atteignirent l'énorme palais d'Utgard-Loki, où ils allaient être humiliés par les artifices du géant. Utgard-Loki les ayant mis au défi d'affronter ses gens dans diverses disciplines, les trois compagnons s'efforcèrent tour à tour de faire valoir leurs talents respectifs. Thialfi, qui excellait dans la course à pied, choisit l'athlétisme et fut écrasé par le champion local, nommé Hugi – *hugi*, en effet, signifiait « pensée », et il est évident que rien n'est plus rapide que la pensée. Thor, qui fut le dernier à concourir, disputa trois épreuves. Il essaya d'abord de vider le contenu d'une corne à boire et échoua lamentablement – il apprendrait par la suite que l'extrémité de cette corne plongeait dans l'océan et que ses traits avaient été si immenses qu'il avait fait refluer la marée. La deuxième joute à laquelle il participa semblait dérisoire : Utgard-Loki lui proposa de soulever de terre un gros chat ; le dieu n'y parvint pas, mais ce chat n'était pas ce qu'il semblait être : c'était en réalité le serpent cosmique Iormungand, dont le corps était si lourd que personne – pas même Thor – n'aurait pu lui faire quitter le sol. Et sa troisième épreuve fut un combat de lutte : une vieille femme nommée Elli (pitoyable adversaire, en apparence, pour un dieu aussi robuste) força Thor à ployer le genou – mais *elli* n'était autre que la « vieillesse », qui finit toujours par provoquer la chute des plus vaillants.

Les jeux avaient été ouverts par Loki, qui s'était vanté de pouvoir manger plus vite que n'importe qui. Utgard-Loki l'avait opposé à un certain Logi, et les deux concurrents s'étaient assis de part et d'autre d'un tranchoir de bois où avait été disposée de la viande. Chacun dévora la nourriture qui était placée devant lui, et ils se rencontrèrent au milieu du tranchoir : Loki avait dépouillé les os de leur viande, tandis que Logi avait englouti non seulement toute la viande, mais aussi les os et même la planche de bois. « Tous estimèrent donc que Loki avait perdu » – les dieux découvriraient par la suite que *logi* signifie « feu », lequel est le plus vorace de tous les éléments.

Cette face de Loki – son côté diablotin burlesque, dénué de toute prétention à la divinité – doit assurément être prise en compte, mais elle me semble moins essentielle que sa dimension plus grandiose de ténébreuse incarnation du Mal. Il est à regretter que nous ne connaissions qu'une toute petite partie des mythes qui durent circuler sur Loki. Notre savoir est aussi disparate qu'incomplet. Nombre d'épisodes mythiques ne survivent qu'à travers des allusions désespérément obscures, telles celles qui concernent les démêlés de Loki avec l'étrange dieu Heimdall, contre qui il devait livrer bataille lors de la fin du monde. Une strophe importante, composée vers l'an mil par le poète islandais Ulf Uggason, parle de ces deux dieux ; elle est tirée de la *Húsdrápa*, poème dont Snorri affirme qu'on y trouvait de longs développements sur les querelles qui opposèrent ces dieux, mais dont ne nous sont parvenus que ces vers cryptiques :

Le fameux gardien des routes des dieux, éminent
par sa sagesse,
Partit vers Singastein avec le fils rusé de Farbauti.
Cet esprit puissant, enfant de huit mères plus une,
S'appropria le premier le brillant *hafnýra*.

Là encore, les auditeurs de ces vers étaient censés démêler toutes ces énigmes. Heimdall était le veilleur des dieux : c'était lui qui, le dernier jour du monde, devait souffler dans une trompe pour signaler l'arrivée des forces hostiles ; et c'était également une curiosité obstétrique, puisqu'il avait été engendré par neuf mères. Quant au « fils de Farbauti », on a déjà vu que cette expression désignait Loki. On peut donc comprendre que Heimdall et Loki s'étaient rendus dans un lieu appelé Singastein, où Heimdall s'était emparé du *hafnýra*, mot curieux qui n'apparaît nulle part ailleurs que dans cette strophe : le terme signifie littéralement « rein de la mer », et nul ne sait ce qu'il faut entendre par là. Snorri propose néanmoins un élément de réponse dans ses *Skáldskaparmál*, où l'on peut lire : « Heimdall compta parmi les visiteurs de [...] Singastein. Ce fut en cette occasion qu'il disputa le *Brísingamen* à Loki [...]. Ils s'étaient travestis en phoques. » Non seulement ces déguisements donnent à penser que Singastein devait être un rocher perdu dans l'océan, mais le *Brísingamen* est bien connu (encore que je n'aie pas la moindre idée de ce que cet objet a à voir avec les « reins de la mer ») : c'était un collier d'or très précieux qui avait appartenu à Freyia. Selon un texte tardif, ce joyau avait été fabriqué par quatre nains, et la déesse l'avait tant convoité qu'elle avait couché successivement avec chacun de ces nains puis l'avait obtenu en paiement de ses charmes : de la part de Freyia, une telle inconduite n'a rien d'étonnant… Nous ne savons rien d'autre, si ce n'est que, lors de la fin du monde, Loki et Heimdall s'entre-tueraient.

Commencements, milieux et fins

La plupart des peuples – tous, peut-être – se sont interrogés sur les premiers matins et les derniers soirs de l'univers. Comment ce monde a-t-il commencé, et qu'y avait-il avant ? Quelles sont ses limites, et par quoi sont-elles fixées ? Comment l'homme fut-il créé ? (Plus rarement : Pourquoi ?) Comment la Terre sera-t-elle anéantie, et qu'adviendra-t-il ensuite ? Ce genre de méditations a toujours puissamment alimenté la pensée mythologique, et les populations norroises n'ont pas fait exception à la règle. Nous allons donc nous intéresser maintenant aux mythes nordiques qui tentèrent de répondre à ces questions, tout en gardant deux points à l'esprit : non seulement il serait vain de s'attendre à découvrir des réponses cohérentes ou complètes dans les constructions mythologiques que nous allons passer en revue, mais il n'y a pas lieu non plus de supposer que ces matériaux expriment nécessairement des croyances universelles ou orthodoxes.

Un point de départ intéressant est fourni par la première partie du grand poème eddique *Vǫluspá* (Prophétie de la voyante). Cette œuvre a été probablement composée vers l'an mil, époque où le christianisme commençait à exercer une forte influence sur les sociétés nordiques : il est donc possible que des mythes scandinaves soient ici infiltrés par des thèmes judéo-chrétiens. Et il convient de remarquer en outre que le texte de ce poème est déjà mutilé dans le *Codex Regius* : des lacunes évidentes et des interpolations probables (elles sont plus difficiles à repérer) attestent que ces vers nous ont été transmis par une source primaire défectueuse. Au niveau du contenu, la *Vǫluspá* rapporte les dires d'une *vǫlva* (« prophétesse », « sibylle ») anonyme à qui un dénommé Valfodr – pseudonyme d'Odin – avait demandé de narrer « les antiques récits des hommes », les choses les plus anciennes dont elle avait souvenance. Ce personnage commence donc par évoquer le premier âge du monde, enchaîne sur des événements postérieurs quoique toujours très reculés, puis vaticine sur des catastrophes futures qui confirment sans doute les pires appréhensions d'Odin. Voici comment elle décrit le premier état de l'univers :

> C'était en des temps lointains
> Où il n'y avait rien ;

Ni sable ni mer
Ni vagues glacées ;
Point de terre,
Point de cieux élevés ;
Seul béait le grand vide,
Et rien ne croissait nulle part.

Jusque-là, pas de problème : c'est très clair ! Mais le récit se fait ensuite si allusif qu'il en devient cryptique. Les fils de Bur, déclare la voyante, suscitèrent les terres et façonnèrent Midgard, l'espace central qui enclôt les régions habitées. Ce monde se couvrit de verdure, mais la construction des cieux n'avait pas encore été programmée : le soleil, la lune et les étoiles ne connaissaient pas leurs fonctions ni ne savaient où ils auraient leurs sites. Si bien que les dieux – ils sont désignés ici par le terme *regin*, qu'on pourrait traduire par « puissances organisatrices » – décidèrent après s'être consultés de nommer les heures du jour et de la nuit et de diviser le temps en années ; puis ils se réunirent dans une plaine appelée Idavoll – ce qui signifie peut-être « Champ toujours vert » –, où ils érigèrent des maisons et des temples, construisirent des forges, firent des outils et battirent des métaux précieux. Ils vécurent là dans une félicité totale, disposant de bien plus de richesses qu'ils n'en avaient besoin et déterminant (selon certains exégètes) le cours des événements en faisant évoluer des pièces d'or sur des tables de jeu. Mais un désastre se produisit – malheureusement, on ignore en quoi il consista : il est indiqué simplement qu'il fut lié à l'arrivée de trois géantes monstrueuses. Une solution de continuité apparaît tout à coup dans le poème, et Snorri Sturluson lui-même ne comble pas cette lacune.

Même le moins doué des cosmographes discernera sans mal à quel point le texte de la *Vǫluspá* regorge de trous noirs. Très nombreux, en effet, sont les détails inexpliqués : qui étaient les fils de Bur (Odin et ses deux frères ?), et d'où venaient-ils ? Par qui furent conçus les corps célestes ? Quelle fut l'origine des dieux, et comment acquirent-ils leur « puissance organisatrice » ? Etc. Cette imprécision peut découler, bien entendu, d'une transmission et d'un enregistrement déficients qui auraient altéré le texte original de ce poème en entraînant une déperdition d'informations irrémédiable : par là s'expliqueraient les silences de Snorri. Mais, même s'il est évident que son savoir est parfois pris en défaut, Snorri ne s'en efforça pas moins d'expliquer la création du monde en puisant dans d'autres sources que la *Vǫluspá* : les matériaux du poème dialogique *VafÞrúðnismál*, en particulier, lui procurèrent de précieux compléments d'informations. Quand Gangleri/Gylfi interroge les trois rois mystérieux, l'une des premières questions qu'il formule est : « Quelle fut l'origine des choses ? Comment est-ce que tout commença ? Et qu'y avait-il auparavant ? » Le Très-Haut lui répond en déclamant la strophe de la *Vǫluspá* que j'ai citée plus haut (le texte qu'il récite est d'ailleurs bien meilleur que celui du *Codex Regius*). Mais les rois estiment manifestement que ces renseignements sont insuffisants, puisqu'ils s'empressent de les compléter par d'autres descriptions (lesquelles ne sont pas toujours faciles à suivre) : à l'origine, ajoutent-ils, l'univers comprenait une partie glacée (Niflheim, ou Terre du Brouillard) et une partie brûlante et enflammée (Muspell) entre lesquelles s'étendait un Grand Vide (Ginnungagap) où coulait un fleuve ; puis le fleuve qui traversait cet abîme fut envahi par des couches successives de gel qui formèrent un socle de plus en plus massif ; et, quand la chaleur et le froid se rencontrèrent, ce socle fondit et dégoutta, ces gouttes donnant naissance au géant Ymir, d'où descendit – à la suite d'une remarquable parthénogenèse – la race des géants du givre : « sous son bras gauche crûrent un homme et une femme, tandis que l'une de ses jambes engendra un fils avec son autre jambe ».

Gangleri essaie de comprendre la logique de la situation décrite en demandant de quoi vivait Ymir. « Ensuite, s'entend-il alors répondre, il se passa ceci que, de ces gouttes de givre fondu, sortit une vache appelée Audhumla. Quatre rivières de lait jaillirent de ses pis, et ce fut elle qui nourrit Ymir. » Mais de quoi se nourrissait cette vache ? « Elle léchait les pierres couvertes de givre, qui étaient salées. Le premier jour qu'elle les lécha, une chevelure d'homme sortit des pierres vers le soir, puis une tête d'homme s'en dégagea le deuxième jour, et un homme entier apparut le troisième jour. Son nom était Buri. » Ce même Buri engendra (Gangleri oublie de demander avec quelle femme) un fils nommé Bor, lequel épousa une géante qui lui donna trois enfants mâles : l'un s'appela Odin, l'autre Vili et le troisième Ve.

Des géants peuplaient donc ce monde primordial, mais il leur arriva une mésaventure qui évoque l'histoire de Noé : Odin, Vili et Ve tuèrent Ymir, et tant de sang coula de ses blessures que toute sa progéniture périt noyée, à une exception près – seul le géant Bergelmir échappa à la noyade avec sa famille en grimpant sur son *lúðr*, terme dans lequel Snorri paraît voir l'équivalent d'une « arche » bien qu'il semble signifier plutôt « coffre » ou « cercueil ». Le cadavre d'Ymir ne fut pas gâché, puisque Odin et ses frères le transportèrent au milieu de Ginnungagap, où sa chair se transforma en terre ferme, ses os en montagnes, ses dents et les restes de son ossature en petits rochers et en galets, tandis que son sang formait des mers qui encerclèrent toutes les terres. Plus astucieusement encore, les trois frères créèrent le ciel à partir du crâne d'Ymir, placèrent un nain sous chacun des quatre points cardinaux (ces nains étaient sans doute chargés de soutenir la voûte céleste ; mais d'où venaient-ils ?) et prirent les étincelles et particules en fusion qui étaient projetées hors de Muspell pour les disperser dans ce firmament, certaines devenant des étoiles fixes et d'autres se mouvant librement à un niveau inférieur. Après quoi ils achevèrent ce travail de recyclage posthume en employant les cils d'Ymir pour ériger des fortifications qui devaient protéger les hommes contre les géants – entre ces murailles se trouverait Midgard, enclos central réservé à l'humanité – et en jetant son cerveau en l'air pour en faire les nuages. Le Très-Haut appuie ici ses dires en citant ces deux strophes des *Grímnismál* :

De la chair d'Ymir fut créé le monde,
Et de son sang la mer.
De ses os naquirent les montagnes,
de ses cheveux, les arbres,
Et de son crâne, la voûte céleste.

Avec ses cils, les dieux cléments
Bâtirent Midgard pour l'humanité.
Et avec son cerveau furent façonnés
Tous ces cruels nuages qui apportent les tempêtes.

Sur ce monde allaient cohabiter diverses races – êtres humains, dieux, monstres, géants et elfes – qui disposeraient chacune d'un habitat spécifique : la localisation de ces habitats reste confuse en dépit des précisions géographiques fournies par Snorri. Les géants, dit-il, s'installèrent au bord de l'océan, à la périphérie des terres habitées ; les hommes résidèrent plus près du centre, dans leur domaine protégé de Midgard ; les elfes, eux, se divisaient en catégories : les elfes ténébreux se tapirent dans des demeures souterraines, alors que les elfes lumineux peuplèrent Alfheim ; et les dieux et déesses s'établirent à Asgard, chacun à l'intérieur de son sanctuaire privé. Enfin, le centre du monde, lieu sacré entre tous où les dieux rendaient chaque jour la justice, était occupé par le grand frêne Yggdrasil, dont les branches s'étendaient au-dessus de tous les territoires. Sous l'une des racines d'Yggdrasil se trouvait la source de Mimir, qui dispensait sagesse et bon sens à qui buvait de ses eaux : Odin, comme on l'a vu, avait dû mettre l'un de ses yeux en gage pour en boire une gorgée, et c'était pourquoi ce dieu était borgne ; et sous une autre se trouvait la source du Destin, près de laquelle les demi-déesses Urd, Verdandi et Skuld (noms qu'on pourrait traduire par « Ce qui devait advenir », « Ce qui est en train de se produire » et « Ce qui doit survenir ») avaient leur logis. Ces trois créatures, dites Nornes, modelaient le cours des existences ; mais une confusion est ici possible, puisque Snorri mentionne également l'existence de Nornes personnelles, qui étaient attachées aux nouveau-nés humains dès leur naissance et façonnaient aussi leur devenir individuel, parfois pour leur plus grand malheur. Comme le fait remarquer Gangleri : « Si les Nornes décident de la destinée des hommes, leurs sentences sont fort inégales : certains ont une vie bonne et splendide, d'autres ne connaissent guère le succès ou la gloire ; quelques-uns vivent très vieux, d'autres meurent jeunes » – sempiternel problème de l'injustice du sort auquel la réponse du Très-Haut ne réussit pas à apporter de solution convaincante.

Mais, rien, dans ce monde-là, n'était éternel : le grand frêne lui-même essuyait toutes sortes d'assauts que Snorri décrit en citant ces autres vers tirés des *Grímnismál* :

> Le frêne Yggdrasil endure des tourments
> Que nul homme ne peut imaginer.
> Le cerf broute ses frondaisons, sur ses flancs
>   il pourrit,
> Et le serpent Nidhogg déchiquette ses racines.

Les Nornes aspergeaient chaque jour les branches de l'arbre avec de l'eau et de la boue puisées dans la source du Destin : ces substances magiques empêchaient le frêne de pourrir et de se dessécher. Mais Yggdrasil n'en finirait pas moins par s'effondrer – comme les dieux et les hommes, il était appelé à mourir.

Un autre mythe a trait à la création de l'humanité. La source primaire est constituée ici par deux strophes de la *Vǫluspá* : les vers qui les composent sont si décousus qu'il est impossible de dire s'ils sont originaux ou procèdent d'interpolations tardives. Le récit commence (et finit) abruptement, et les détails fournis sont indéniablement confus :

Jusqu'à ce que de cette troupe trois sortissent,
Trois Ases puissants et magnanimes, en ce lieu venus,
Sur la grève découvrirent deux créatures de peu de force dotées,
Ask et Embla, créatures sans destinée.

Point d'haleine elles n'avaient, ni d'âme vivante,
Ni de sang dans les veines, ni de voix, ni de couleur.
Odin leur donna un souffle, Hoenir leur donna une âme,
Lodur leur donna à la fois sang et couleur.

Snorri paraphrasa ces strophes dans son *Edda en prose*. Il réussit à les expliciter, mais au prix d'un ajout et d'une altération. Gylfi ayant demandé d'où viennent les hommes qui habitent le monde, le Très-Haut lui répond :

> Alors qu'ils marchaient le long du rivage, les fils de Bor [Odin, Vili et Ve : Snorri modifie sur ce point la leçon de la *Vǫluspá*] trouvèrent deux souches d'arbre. Ils les ramassèrent et en firent des êtres humains : le premier leur conféra souffle et vie, le deuxième intellection et mouvement, le troisième forme, parole, ouïe et vue. Ils leur donnèrent aussi des habits et des noms : l'homme fut appelé Ask [« frêne »] et la femme Embla [peut-être « orme » ou « vigne »]. Ce fut d'eux que descendit la race des hommes qui fut établie dans Midgard.

Un texte encore plus curieux rend compte de l'apparition des classes sociales : il s'agit de la *RígsÞula*, également intitulée *Rígsmál* (Chant de Rig). Bien que comptant parmi les poèmes eddiques, cette œuvre n'apparaît pas dans le *Codex Regius* : la version la plus ancienne que nous en possédions nous a été transmise par un manuscrit de l'*Edda* de Snorri. L'argument est centré sur un voyage du mystérieux dieu Heimdall – une divinité si mal connue que son lignage lui-même (Ase ou Vane ?) est incertain –, qui aurait parcouru le monde en se présentant sous le nom de *Rig* : dans la mesure où ce poème traite des origines de la royauté et des autres divisions sociales, ce nom a été relié au vieil irlandais *ríg*, qui signifie « roi », et certains ont rapporté cette homonymie à de vraisemblables influences celtiques. Voici d'abord le passage en prose qui introduit les strophes de la *RígsÞula* :

> Il est dit dans les histoires anciennes que l'un des Ases, celui qui se nomme Heimdall, fit un jour un voyage. Il chemina jusqu'à quelque rivage puis atteignit une ferme où il déclara s'appeler Rig. Or un poème a été composé sur cette histoire.

Le dieu est défini d'emblée comme *kunnigr*, *rammr* et *rǫskr*, adjectifs qui désignent des qualités (« savant », « tenace » et « vigoureux ») tout à fait adaptées à la tâche que l'auteur du poème assigne à Heimdall. Dans la cuisine de cette ferme étaient assis deux êtres humains d'âge vénérable, Ai et Edda (« Arrière-grand-papa » et « Arrière-grand-maman »), qui souhaitèrent la bienvenue à Rig et dînèrent avec lui d'une pauvre miche de pain accompagnée d'un brouet grossier. Puis ils allèrent se coucher, Rig s'allongeant entre eux deux. Neuf mois plus tard, Edda accoucha d'un garçon qui fut appelé Thrall : il devint grand et fort, mais eut un physique ingrat et ne put accomplir que de viles besognes ; il s'accoupla avec une fille à sa mesure, qui lui donna plusieurs enfants qui portèrent tous des noms vulgaires ; et cette famille se chargea des plus durs travaux agricoles : épandre du fumier, soigner les animaux, extraire la tourbe, etc. De là provint la race des esclaves.

Rig se remit en route et arriva devant une demeure plus prospère. Dans ce foyer était assis un couple bien vêtu, qui vaquait à diverses occupations : l'homme taillait un bâton tandis que la femme tournait une quenouille. Nommés Afi et Amma, ce qui veut dire « Grand-papa » et « Grand-maman », ces deux personnages firent bon accueil à Rig et lui offrirent un meilleur souper (je le suppose, car le poème semble ici lacunaire) que ses hôtes précédents. Après quoi ils se mirent au lit, Rig s'étendant de nouveau entre eux. Au bout de neuf mois, Amma donna le jour à un garçon qui avait les joues rubicondes et le regard vif : ils le nommèrent Karl. Celui-ci devint un excellent artisan qui sut faire fructifier ses terres ; il épousa une bonne maîtresse de maison qui s'occupa parfaitement de son linge et conserva toujours les clés des coffres de sa maison pendues à sa ceinture. De cette famille provint la race des paysans libres.

Rig s'en alla, et ses pas le conduisirent cette fois jusqu'à un splendide manoir où vivait un troisième couple – Fadir et Modir, soit « Père » et « Mère ». Fadir vérifiait son armement, s'assurant que son arc et ses flèches étaient en bon état, alors que Modir s'occupait d'elle-même – elle brossait ses habits, qui étaient fort élégants. La femme plaça sur une table sa nappe la plus belle, puis elle offrit au visiteur un somptueux repas servi dans de la vaisselle d'argent : fins pains de froment et viande de porc, gibier rôti et pleines cruches de vin. Neuf mois s'écoulèrent, et Modir enfanta alors un magnifique garçon aux blonds cheveux et à la peau claire, doté d'yeux aussi perçants que ceux d'un serpent ; appelé Jarl (« Comte »), il fut initié à toutes les disciplines martiales – tir à l'arc, maniement de la lance, construction de palissades, équitation, natation, etc. – et devint un noble et athlétique guerrier. Rig reconnut ce fils et supervisa son éducation, lui enseignant les runes et lui offrant de grands domaines, puis Jarl contracta mariage avec une jeune fille délicate qui lui donna une descendance très aristocratique – le cadet fut baptisé Konr, nom qui permet au poète de se livrer à un jeu de mots : il est suggéré à la fin de la *RígsÞula* que « Konr le Jeune » *(Konr ungr)* devint roi *(konungr)*.

Ce mythe est clair : il suggère que tous les êtres humains ont une origine divine, mais qu'ils ne sont pas égaux pour autant. Au début de la *Vǫluspá* figure une adresse très intéressante : le poète demande silence à tous les enfants de Heimdall, qu'ils soient petits ou grands. Or la grandeur ou la petitesse d'un individu, dans le monde nordique, dépendait de son ascendance ; c'était particulièrement vrai dans le cas de la royauté, qui convoyait l'idée de parentèle – le vieux norrois *konungr* (« roi »), de même que le vieil anglais *cyning*, signifiait *man of kin*, c'est-à-dire « qui a un lignage ». Pour les hommes comme pour les femmes, les fonctions et compétences, les droits et devoirs, et même l'aspect physique, découlaient des hasards de la naissance : les Nordiques vivaient dans des sociétés aristocratiques où les rangs et les hiérarchies étaient strictement déterminés.

La mort, selon certains, marque un terme absolu et irrévocable pour tous les êtres vivants. Nombre de peuples, pourtant, ont répugné à penser l'extinction biologique comme une annihilation définitive, préférant la regarder comme une transition vers un autre mode d'être ; et ils ont élaboré des mythes qui exposent ces conceptions. Les Nordiques, qui partageaient cette répugnance, ont décrit l'après-vie en des termes très divers :

les défunts, selon les textes, mènent une existence spectrale dans les tertres funéraires, marchent au milieu des vivants, festoient à l'intérieur de montagnes sacrées, etc. Cette diversité laisse supposer que les images de l'au-delà en vigueur dans la Scandinavie païenne n'étaient ni précises ni cohérentes, et les récits ou allusions mythologiques confirment cette hypothèse en faisant état de représentations contradictoires, parfois évoquées dans des textes très expéditifs. Snorri, par exemple, parle dans son *Edda en prose* d'une déesse mal connue qu'il nomme Gefion : « elle est vierge, écrit-il, et toutes celles qui meurent vierges deviennent ses servantes ».

Mais une strophe du poème eddique *Hárbarðslióð* décrit ainsi les attributions des dieux en ce qui concerne le partage des trépassés :

> A Odin reviennent les combattants qui tombent
> sur le champ de bataille,
> Tandis que Thor prend la race des esclaves.

Et une autre procédure encore est enregistrée dans les *Grímnismál* :

> Folkvang est appelé le lieu où Freyia décide
> De l'attribution des sièges dans sa salle.
> Chaque jour elle choisit la moitié de ceux qui
> ont péri les armes à la main,
> Laissant l'autre moitié à Odin.

Pour les guerriers vikings, la perspective d'être enrôlé à titre posthume dans l'armée d'Odin devait être très séduisante. Si le rôle de Freyia n'est que rarement mentionné, Odin, au contraire, passait pour sélectionner avec soin ceux qu'il appelait à ses côtés, n'admettant que les plus vaillants. Il était aidé dans cette tâche par des demi-déesses dites *Valkyria*, terme qui signifie « Celles qui choisissent (*-kyria*, déverbatif du verbe *kiósa*) parmi les occis au combat *(valr)* ». Quand le roi norvégien Hakon le Bon périt vers 960 à la suite de blessures reçues au cours d'une bataille, le poète de cour Eyvind (surnommé « Pilleur de scaldes » parce qu'il avait été accusé de voler les idées de ses pairs) composa une ode funèbre en l'honneur de ce monarque défunt. Bien que Hakon eût embrassé la foi chrétienne – de là son sobriquet –, Eyvind prit pour modèle l'*Eiríksmál*, poème païen qui avait été dédié à la mémoire d'Eric à la Hache sanglante ; les Valkyries Gondul et Skogul, expliqua-t-il d'abord, furent envoyées en mission par Odin :

Gautatyr [Odin] ordonna à Gondul et Skogul
De choisir parmi les rois
Quel descendant d'Yngvi allait rejoindre Odin
Pour résider dans sa Valhöll.

Elles fondirent sur le frère de Biorn [Hakon],
apercevant la cotte de mailles
De ce roi glorieux sous sa bannière de bataille.

Les lances s'élevèrent, les pennons battirent au vent
Quand résonna le tumulte de la guerre.

Hakon s'était distingué par sa vaillance :

Ainsi, l'épée, volant dans la main du prince,
Mordit les harnois [les armures] d'Odin comme si elle s'enfonçait dans de l'eau.
Les fers de lance s'entrechoquaient, les boucliers se heurtaient,
Les épées fracassaient les crânes humains.

Les Valkyries, reconnaissant les mérites de Hakon, lui apprirent qu'elles l'avaient jugé digne de grossir les rangs de l'armée d'Odin, mais le roi se montra réticent. Loin d'être impressionné par cet honneur, il ne voyait pas très bien à quoi servirait son trépas :

Pourquoi, Gondul, as-tu pris cet arrêt quant à l'issue de la bataille ?
Ne méritons-nous pas que les dieux nous accordent la victoire ?

Objection à laquelle les Valkyries rétorquèrent :

C'est grâce à nous que tu as tenu tes positions,
Comme ce fut nous, encore, qui mîmes tes ennemis en déroute.

Hakon ne fut qu'à demi satisfait par cette réponse, car il savait qu'Odin était capable de nourrir de noirs desseins *(illúðigr)*. Bien que les Valkyries lui eussent promis qu'il arriverait sans encombre dans la salle de banquet du dieu, il exigea de conserver ses armes et son armure :

> Sur son casque et sa cotte de mailles, il importe
> de bien veiller.
> A portée de sa main il est bon de toujours les garder.

Les dieux, finalement, accueillirent Hakon dans leur domaine, mais Eyvind n'en conclut pas moins son poème par ces vers menaçants :

> Se délivrant de ses chaînes, le loup Fenrir envahira
> les demeures des hommes
> Avant que ce roi si bon ait de nouveau foulé
> ces sentes désolées.

Les champions admis dans la Valhöll d'Odin – autrement dit, sa « Halle des Occis » (les Germains disaient « Walhalla ») – menaient une existence assez conforme à l'idée qu'on peut se faire d'un paradis guerrier : soit ils s'entrebattaient, soit ils faisaient bombance. Les *Grímnismál* renseignent amplement sur ce paradis nordique, et les informations fournies par ce poème sont reprises et développées par Snorri dans son *Edda* – mais elles sont ici rationalisées, ou assorties de commentaires critiques. Observant que la Valhöll était censée abriter tous les hommes tombés au combat depuis les commencements du monde – pas une partie seulement, mais tous sans exception : c'est ce qu'on lit dans la *Gylfaginning* –, Snorri remarque d'abord que cet édifice devait être extrêmement vaste :

> Cinq centaines de portes et quarante en outre,
> J'estime que compte la Valhöll.
> Huit cents guerriers en même temps
> Sortiront par chaque porte quand ils iront
> combattre le loup.

Mais cette multitude, ajoute-t-il pensivement, serait insuffisante lorsque le loup Fenrir passerait à l'attaque – même renforcée par le contingent de tous les combattants péris au cours des guerres futures, cette immense armée ne paraîtrait pas trop nombreuse lorsque le loup viendrait. Les tâches d'intendance étaient assurées par le cuisinier Andhrimnir, qui faisait bouillir chaque matin dans son chaudron Eldhrimnir les chairs du verrat Saehrimnir, qui se reconstituaient d'elles-mêmes au cours de la nuit. Quant à la boisson qui accompagnait ces ragoûts, elle avait également une origine merveilleuse : sur les toits de la Valhöll vivait la chèvre Heidrun, qui se nourrissait en broutant le feuillage d'un arbre appelé Lerad et dont les pis produisaient chaque jour assez d'hydromel pour remplir une grande cuve. « Voilà, dit Gangleri avec émerveillement – ou peut-être avec ironie – une chèvre rudement utile ! Et l'arbre qu'elle broute n'est pas moins extraordinaire. »

Seul Odin était frugal : le vin lui tenait lieu à la fois de chère et de boisson, et il nourrissait ses loups Geri et Freki avec la viande qui était placée sur sa table.

Un autre séjour des morts, celui-là lugubre, est toutefois mentionné dans la littérature nordique : nommé Hel (comme la déesse qui la gouvernait), cette autre demeure des trépassés était séparée du monde des hommes par le fleuve Gioll, qu'enjambait un pont appelé Giallarbru ; c'était vers cette contrée ombreuse que Hermod avait chevauché après la mort de Baldr, et Snorri précise même comment s'y rendre en écrivant que « le chemin de Hel va vers le bas et vers le nord » – *niðr ok norðr liggr Helvegr*.

Enfin, il convient d'aborder le thème de la fin du monde, qui a été évoqué sporadiquement (mais chaque fois avec insistance) dans les pages de ce livre, et qui occupe une place fondamentale dans les littératures eddique et scaldique – je veux parler du *Ragnarǫk*, cette gigantesque catastrophe à laquelle Odin se préparait en recrutant son armée de champions et de vétérans. Le terme *Ragnarǫk* est un nom composé : son premier élément, *ragna-*, est le pluriel possessif du mot *regin*, dont on a vu qu'il désignait les dieux comme « puissances organisatrices », tandis que le suffixe *-rǫk* a le sens de « prodiges, destins, ruine » ; ce vocable signifie donc littéralement « destin/prodiges des dieux » plutôt que « crépuscule des dieux », comme on l'a soutenu sur la foi d'une leçon ancienne qui confond l'élément *-rǫk* avec le mot *røkkr*, « crépuscule » – de là le *Götterdämmerung* de Wagner.

Les dieux savaient que le *Ragnarǫk* était inévitable. Bien qu'ayant été avertis par des prophéties qu'ils seraient détruits lors de cet affrontement final, ils ne s'en préparaient pas moins à assumer leur destin avec un courage sublime. En ce domaine également, notre source primaire d'informations est la *Vǫluspá* : même si de nombreux autres poèmes font allusion au *Ragnarǫk*, cette œuvre est la plus détaillée, et Snorri s'est donc servi abondamment de cette source en citant ses strophes ou en interprétant librement leur contenu. L'âge final de ce monde, selon Snorri, devait être annoncé par des signes terrifiants : en premier lieu arriverait le *fimbulvetr*, « formidable hiver » qui durerait trois ans – « trois hivers semblables se succéderaient, sans été entretemps » ; et de grandes batailles seraient livrées dans le monde entier, ces conflits déchirant les familles et sapant toutes les valeurs morales. Alors viendrait

> Un temps de haches, un temps d'épées, un âge
> où les boucliers seraient brisés,
> Une époque de tempêtes et une époque de loups
> avant que le monde des hommes ne s'effondre.

Ces vers font écho à la mythologie judéo-chrétienne : dans l'Apocalypse aussi la venue de l'Antéchrist est annoncée par des signes redoutables ; mais il ne faut pas oublier que la *Vǫluspá* fut probablement composée à une époque où le christianisme était en train de supplanter le paganisme nordique.

A ces conflits devaient s'ajouter toutes sortes de cataclysmes naturels. Le Très-Haut, dans l'un des premiers chapitres de la *Gylfaginning*, avait expliqué à Gangleri que le soleil et la lune fuyaient devant deux loups qui voulaient les dévorer ; lors du *Ragnarǫk*, ces corps célestes seraient rattrapés par leurs poursuivants :

> Un loup avalera le soleil, et les hommes estimeront qu'un grand malheur est arrivé. L'autre loup s'emparera de la lune, et il ne causera pas moins de dommages. Les étoiles tomberont du ciel. Et cela également adviendra : la terre et les montagnes trembleront tant que les arbres seront déracinés, que les monts vacilleront et que toutes les chaînes et tous les liens céderont. Alors le loup Fenrir se libérera.

Le scénario des attaques lancées contre les dieux est aussi embrouillé dans les sources poétiques que dans la version en prose de Snorri : on ne peut en brosser un récit cohérent qu'au prix d'une certaine rationalisation, et le résumé qui suit ne fera pas exception à cette règle.

Trois grandes forces d'invasion peuvent être distinguées. Depuis la mer arrive le serpent cosmique Iormungand, en proie à une terrible fureur qui provoque des raz de marée : dans ce déferlement de flots appareille le « bateau-ongles » Nagflar (Snorri commente ce nom en expliquant que ce navire était « construit avec les ongles des morts » : c'est pourquoi, remarque-t-il, il importe de ne pas mourir avec des ongles non taillés, car tout homme qui meurt ainsi fournit les matériaux nécessaires à la construction de Nagflar). Et Loki, qui barre cet esquif après avoir rompu ses liens, emmène avec lui le géant Hrym ainsi que les fils de Muspell (qui sont ces êtres ? ce n'est pas précisé). Du sud s'avance le démon du feu Surt, à la tête d'une armée (qui pourrait inclure aussi les fils de Muspell). Enfin, ennemi redoutable entre tous, le féroce loup Fenrir accourt, gueule béante, sa mâchoire inférieure rasant la terre, la supérieure touchant le ciel – « il l'ouvrirait davantage encore, écrit Snorri, s'il en avait la place ».

Heimdall souffle dans sa trompe pour réunir les dieux. Odin consulte la tête de Mimir, mais c'est trop tard. Les dieux s'arment. Freyr affronte Surt et meurt, car son excellente épée lui manque – il l'a donnée à Skirnir. Thor réussit à occire Iormungand puis s'effondre, tué par le venin que le serpent a craché sur lui. Fenrir engloutit Odin, qui est vengé ensuite par son fils Vidar : celui-ci, soit enfonce son épée dans le cœur du loup (d'après la *Vǫluspá*), soit pose un pied lourdement chaussé sur la mâchoire inférieure de Fenrir et lui déchire la gueule en tirant son autre mâchoire vers le haut (d'après Snorri et les *Vafþrúðnismál*). Et Snorri parle encore de deux autres duels, qui ne me semblent être attestés nulle part ailleurs : selon lui, Garm (un chien monstrueux) et Tyr d'une part, les deux ennemis traditionnels Loki et Heimdall d'autre part, s'entre-tuent. Puis Surt déclenche un gigantesque incendie qui consume les mondes.

Le schéma que je viens d'esquisser paraît clair, mais il n'est guère satisfaisant : trop de détails sont passés sous silence. Ces affrontements individuels entre les dieux et les forces des ténèbres s'inscrivaient-ils dans une stratégie générale ? Que firent les autres dieux dont les exploits ne sont pas explicitement mentionnés ? Qu'arriva-t-il aux déesses ? Et quel rôle fut joué par les champions d'Odin, qui s'étaient longuement préparés à cette ultime rencontre ? Le *Ragnarǫk*, à l'évidence, devait mettre un terme au règne des anciens dieux. Mais, même si cette expression a pu venir sous ma plume, la « fin du monde » que cette conflagration impliquait ne doit pourtant pas être vue comme une fin absolue, car la *Vǫluspá* aussi bien que l'*Edda* de Snorri parlent également d'un recommencement après lequel devait apparaître un nouveau monde associé à l'idée de punition ou de perfection : l'influence du christianisme est ici manifeste. Gangleri pose en effet cette question essentielle :

> Qu'adviendra-t-il après que le ciel et la terre auront brûlé et que tous les dieux auront péri en même temps que tous les grands guerriers et l'ensemble de l'huma-

nité ? Ne m'avez-vous pas dit que chaque homme vivra de toute éternité dans un lieu ou dans un autre ?

Le Troisième lui répond : « Il y aura maintes bonnes formes de vie, mais nombreuses aussi seront les mauvaises. » Et il illustre ces propos menaçants par plusieurs exemples : ceux qui se seront montrés vertueux, précise-t-il, pourront mener une vie de plaisir dans les agréables demeures de Brimir, où ils trouveront abondance de boissons, ou de Sindri, qui a des murs d'or. En revanche – et Snorri cite ici la *Vǫluspá* –, les parjures et les meurtriers habiteront *Nástrǫnd* (le terme signifie « rivages de cadavres »), dont les portes sont orientées au nord – signe néfaste – et qui est bâti avec des serpents tressés dont les têtes crachent des flots de venin.

Mais une régénération n'en était pas moins prévue. La prophétesse de la *Vǫluspá* avait dit :

Une nouvelle terre je vois émerger
D'entre les flots, verte une seconde fois :
Des cascades y couleront et l'aigle volera
au-dessus d'elles,
Guettant les poissons dans les torrents.

Les Ases se réuniront de nouveau à Idavoll,
Parlant du puissant Serpent cosmique,
Se remémorant les puissants jugements
Et les antiques mystères du Grand Dieu.

Le poème évoque même ce jeu étrange auquel les Ases avaient joué aux commencements (innocents ?) du vieux monde :

> Dans l'herbe verte seront retrouvées
> Ces magnifiques pièces de jeu en or
> Qu'ils possédaient aux jours d'autrefois.

Consécutivement à ces événements ou dans leur simple sillage, un nouvel âge d'or devait survenir. Les champs porteraient des fruits sans avoir à être ensemencés – rêve éternel ! – et tous les maux seraient guéris. Baldr ressusciterait, et les enfants des dieux recueilleraient leur héritage. D'après Snorri (qui suit sur ce point les *VafÞrúðnismál* mais se démarque de la *Vǫluspá*), deux êtres humains auraient survécu à l'holocauste, se nourrissant de la rosée du matin : de ce couple allait naître une nouvelle race d'hommes.

Est-ce à dire que notre sombre Histoire humaine recommencerait ? Gangleri aurait certainement souhaité en savoir plus, mais le Très-Haut le fait taire en lui déclarant : « Si tu veux savoir ce qui se produira ensuite, j'ignore qui pourrait te le dire, car je n'ai entendu personne décrire l'avenir du monde au-delà de ces choses. Mets donc à profit ce que tu as appris ! »

Dieux et héros

Les mythes que je viens de présenter ont isolé les dieux et déesses de l'humanité : ou bien ils traitaient d'événements qui ne concernaient que des divinités (comme la mort de Baldr), ou bien ils décrivaient les relations généralement orageuses que les dieux entretenaient avec d'autres créatures surnaturelles – géants, démons, nains, etc. (comme dans le cas de l'enlèvement d'Idunn). Odin, certes, était censé s'intéresser à la classe guerrière en protégeant (avant de les trahir) les meilleurs combattants, et les récits de création ou de destruction cosmique associaient inévitablement les dieux aux hommes. Mais ce clivage entre les mondes humain et divin n'en constitue pas moins un trait récurrent des matériaux mythologiques précités.

Il existe toutefois un mythe important – capital même, si l'on pense aux résonances durables qu'il suscita dans notre culture européenne – qui montre en quoi un acte des Ases eut des répercussions notables sur la destinée individuelle de certains êtres humains. Ici, en effet, une aventure divine est directement reliée à un cycle de légendes qui mettent en scène des rois héroïques et de nobles combattants. Ce mythe s'articule autour d'une question que j'ai posée dans mon premier chapitre sans y avoir encore répondu : pourquoi l'or est il appelé « prix du sang de la loutre » ? Le récit qui explicite ce point est narré dans trois sources : sa matière nous a été transmise à la fois par le poème eddique *Reginsmál* (Dit de Regin), précédé par une assez longue introduction en prose dans le *Codex Regius*, par l'*Edda en prose* de Snorri, et par la *Vǫlsunga Saga*, œuvre islandaise postérieure qui chante les exploits des Völsungär.

Jadis, disent ces textes, vivait un riche paysan nommé Hreidmar. Cet homme avait des pouvoirs magiques, et ses trois fils avaient hérité eux aussi de talents très spéciaux : deux d'entre eux, Fafnir et Otr, pouvaient changer de forme à volonté, tandis que le troisième, appelé Regin, avait la taille d'un nain. Comme tous les nains, Regin était un remarquable maître forgeron, mais il n'était pas seulement adroit de ses mains : il était aussi (selon le *Codex Regius*) « savant, brutal et versé dans l'art de la magie ». Quant au dénommé Otr, il avait la curieuse habitude de se métamorphoser en loutre (de là son nom : le substantif *otr* signifie « loutre ») pour plonger dans un torrent où il se nourrissait des poissons qu'il attrapait – cette étrange manie allait causer sa perte.

Les trois dieux Odin, Hoenir et Loki partirent un jour en expédition, et Loki, comme à son ordinaire, commit une bourde – une imprudence, plutôt qu'une malice intentionnelle – qui mit le trio divin en péril. Alors qu'ils suivaient les berges d'une rivière, les voyageurs parvinrent devant une cascade où se trouvait une loutre qui était en train de dévorer un saumon : comme tous les animaux de cette espèce, lit-on dans la *Vǫlsunga Saga* (il serait intéressant de vérifier si ce comportement correspond ou non à une réalité éthologique), cette loutre mangeait en gardant les yeux fermés, détail que l'auteur de cette saga interprète en expliquant que la bête ne supportait pas de voir sa pitance diminuer à mesure qu'elle l'engloutissait. La loutre, en tout cas, ne repéra pas l'approche des dieux, et Loki la tua d'une pierre, ce coup unique lui procurant à la fois une pièce de gibier et un poisson. Les Ases se félicitèrent d'abord de leur chance, mais ils déchantèrent ensuite quand ils atteignirent la maison de Hreidmar et lui demandèrent l'hospitalité pour la nuit : car ils exhibèrent leur prise devant le fermier et ses deux fils, Fafnir et Regin, qui reconnurent Otr et se saisirent aussitôt de leurs visiteurs en les menaçant de mort. Si bien que les trois prisonniers ne purent sauver leur vie qu'en jurant d'offrir une très lourde indemnité à la famille endeuillée : la peau écorchée de la loutre, d'après le serment prêté, devait non seulement être remplie d'or, mais entièrement recouverte, à l'extérieur, par le tas de métal précieux versé. Après quoi Loki fut chargé d'aller se procurer le montant de la rançon.

Fort heureusement, Loki connaissait un nain nommé Andvari. Ce nain, artisan habile qui possédait beaucoup d'or, était également un singulier personnage : il vivait dans une chute d'eau, sous la forme d'un brochet. Loki emprunta donc un filet à Ran, déesse de la mer, puis il attrapa Andvari. Les *Reginsmál* rapportent que le dieu et le nain eurent la conversation suivante. Loki demanda :

> Quel est ce poisson qui nage dans les flots
> Et court à sa perte sans le savoir ?
> Rachète donc ta vie ! Arrache-toi aux griffes
> de la mort
> En me donnant ton or étincelant.

A quoi le nain répondit :

> Andvari est mon nom. Oinn s'appelle mon père,
> Et dans maintes cascades j'ai nagé.
> Une destinée cruelle autrefois
> Décréta que je barboterais dans l'eau.

Loki, comme rançon, exigea qu'Andvari lui remette tout l'or qu'il détenait. Le nain s'exécuta, mais il tenta de conserver un anneau magique (ou peut-être un bracelet) en arguant que ce bijou l'aiderait à rebâtir sa fortune ; Loki, implacable, arracha l'objet à Andvari et repartit avec le magot. Puis le nain regagna l'abri de sa grotte, où il lança cette malédiction :

> Cet or [le mot employé pourrait désigner l'anneau]
> que Gust posséda jadis
> Mènera deux frères à la mort,
> Et de huit princes provoquera la chute.
> De mes richesses jamais nul homme ne jouira.

Loki, ensuite, ramena le trésor, et Odin, découvrant l'anneau, décida de le garder pour lui. Les Ases, comme promis, versèrent le reste de la rançon d'Andvari à l'intérieur de la peau de la loutre et la redressèrent pour la recouvrir d'or ; mais Hreidmar, quand ce fut fait, s'aperçut qu'un des poils de l'animal était encore visible : Odin, à contrecœur, posa alors le bijou magique sur ce poil et déclara que la compensation exigée était maintenant versée. Ensuite, les dieux s'éloignèrent de la demeure de Hreidmar pendant que Loki révélait la malédiction du nain :

> A toi j'ai remis cet or, grande rançon
> T'offrant en échange de ma vie.
> Mais, pour ton fils, prospérité point ne s'ensuivra :
> Cela de vous deux provoquera la mort.

Et Loki disait vrai. Fafnir et Regin réclamèrent une part du tribut à Hreidmar, qui refusa de leur céder la moindre parcelle d'or. Fafnir, furieux, tua son père puis s'enfuit dans des monts désolés où il cacha le trésor : il resterait là, métamorphosé en dragon, jusqu'à ce que Regin manigance sa mort.

Le *parfait wagnérien* cher à George Bernard Shaw aura certainement reconnu les grands traits de ce récit : un trésor ; un anneau maudit, dérobé à un nain grâce à une ruse ; un corps recouvert d'or sur lequel il faut placer ce même anneau magique. De même que les amateurs d'opéra auront peut-être remarqué que certains des mythes évoqués aux chapitres précédents apparaissent également dans *L'Or du Rhin (Das Rheingold)*, prologue de *L'Anneau du Nibelung (Der Ring des Nibelungen)* : une forteresse construite pour les dieux, par des géants avec qui est scellé un accord qui n'est pas respecté ; ou une déesse gardienne des pommes de l'éternelle jouvence qui se fait enlever par un géant, les dieux vieillissant et s'affaiblissant à la suite de ce rapt… Wagner, de toute évidence, a emprunté ces thèmes à la mythologie nordique, tout en les mettant au service de ses propres desseins intellectuels – sa tétralogie, en effet, accorde une place essentielle aux aventures de Siegmund et Siegfried, père et fils héroïques unis aux dieux (notamment à *Wotan*, l'Odin de Wagner) par des liens ambigus qui provoqueront leur perte.

De fait, ce rapport établi entre un anneau mythique associé à une malédiction et une famille de héros royaux n'est pas spécifique à la mythologie germanique : bien qu'essentiellement centre-européen, ce motif est attesté aussi dans la tradition nordique, et c'est même dans la littérature de la Scandinavie médiévale que les matériaux afférents à ce thème sont le mieux conservés. En témoignent, par exemple, les nombreuses figures historiques qui paraissent se dissimuler derrière les noms cités par les auteurs norrois : le roi nommé *Gunnarr* représentait probablement le *Gundaharius* de la dynastie burgonde du Ve siècle, tandis que l'infâme *Atli* fait penser au cruel *Attila*, roi des Huns de sinistre réputation qui périt en 451 ; et le roi *Iǫrmunrekr* pourrait être associé à *Ermanaric*, souverain ostrogoth qui régna au IVe siècle de notre ère, le dénommé *Hiálprekr* renvoyant quant à lui au Mérovingien *Chilpéric* (VIe siècle) ; encore que ces monarques, dans le cycle scandinave, apparaissent dans un ordre qui ne respecte pas la chronologie.

Les légendes nordiques sont relatées dans un groupe de poèmes héroïques qui font partie de l'*Edda poétique*. J'emploie le terme « groupe » bien que ces textes aient été composés à des dates très diverses et divergent largement dans leur forme : certains remontent probablement aux tout débuts de l'Age viking, d'autres n'ont été rédigés qu'au XIIe siècle ; ici, des narrations en vers très explicites sont interrompues par des strophes dialogiques ; là, des récits ou discours versifiés sont entremêlés de fragments en prose qui semblent comme surajoutés : la juxtaposition de ces différents passages soulève des problèmes épineux qui ont alimenté de vives controverses entre spécialistes ; ailleurs encore, des histoires sont racontées du point de vue de l'un des personnages qui se remémore des événements passés. Mais les thèmes et les contenus n'en sont pas moins similaires en dépit de cette diversité formelle : il est partout question de querelles inexpiables qui mettent aux prises des souverains au tempérament cruel, qu'assistent des femmes tout aussi féroces. Les rois sont arrogants, souvent cupides, et tantôt avides de gloire, tantôt obsédés par la crainte de la lâcheté. Et l'atmosphère générale est profondément païenne : cette donnée saute aux yeux de tous les lecteurs chrétiens.

L'histoire de ces rois héroïques n'est que partiellement narrée dans l'*Edda en prose* de Snorri. Plus importante, par la reconstitution globale qu'elle fournit, est la *Vǫlsunga Saga*, qui fut composée au XIIIe siècle et pour la première fois consignée dans un manuscrit unique vers l'an 1400 : conçue pour l'essentiel comme une paraphrase en prose qui reproduit les poèmes eddiques tout en les organisant en un récit continu, cette saga cite aussi à l'occasion des matériaux d'autant plus intéressants qu'ils ne sont préservés nulle part ailleurs ; mais cette structure nuit parfois à la cohérence de l'ensemble, car les poèmes ne concordent pas toujours entre eux. A ce corpus s'ajoutent enfin des sources mineures d'origine nordique (y compris Saxo Grammaticus), ainsi qu'une masse considérable d'informations livrées par des œuvres germaniques médiévales – qui contredisent quelquefois leurs homologues norroises – et même de brèves références d'origine anglo-saxonne qui montrent qu'une partie au moins de ces légendes était connue dans ce secteur géographique.

Au début de la version scandinave est mentionné un roi appelé Völsung, qui avait fondé une grande dynastie dans le pays des Huns et passait pour descendre d'Odin lui-même. Ce Völsung, qui avait engendré de nombreux enfants – il avait dix fils et une fille, parmi lesquels seuls sont nommés Sigmund et sa sœur jumelle Signy –, était un souverain énergique doublé d'un valeureux guerrier, et il menait grand train dans un palais splendide au milieu duquel poussait un arbre. Un autre roi très puissant, Siggeir, du pays des Goths (*Gautland* : peut-être l'île suédoise de Gotland), courtisa Signy puis obtint sa main. Bien entendu, un somptueux banquet fut donné en l'honneur de ce mariage, mais un invité inattendu se présenta : alors que tous les convives étaient assis autour des feux allumés au centre de la salle d'honneur, un inconnu fit son entrée – c'était un vieil homme, borgne, vêtu d'une cape et coiffé d'un capuchon qui dissimulait son visage. Personne ne reconnut cet étrange visiteur, mais qui aurait-ce pu être à part Odin ? Ce vieillard avait une épée à la main, et il la planta dans le tronc de l'arbre en déclarant que quiconque aurait la force d'arracher cette arme à sa gangue de bois pourrait la conserver ; puis il s'éclipsa. Les invités tentèrent tour à tour d'extraire la lame du tronc et seul Sigmund réussit l'épreuve. Quand ils examinèrent ensuite l'épée, tous les concurrents convinrent qu'ils n'en avaient jamais vu de plus belle, et Siggeir demanda à Sigmund s'il acceptait de lui vendre ce magnifique objet ; mais celui-ci refusa, semant ainsi les graines d'un conflit qui allait déchirer les deux familles. (Ce motif d'une épée fichée dans un arbre se retrouve dans *La Walkyrie [Die Walküre]* de Wagner.)

Siggeir abrégea la cérémonie nuptiale et s'en retourna dans sa patrie, forçant Signy à l'accompagner ; mais il avait invité son beau-père et ses fils à lui rendre visite trois mois plus tard. Quand Völsung arriva dans le pays des Goths, il y fut reçu par une armée sur le pied de guerre ; malgré son âge avancé, il se lança dans la bataille, préférant un combat inégal à une retraite honteuse. Après avoir opposé une vaillante résistance à ses adversaires, le roi des Huns périt avec presque tous ses gens : seuls survécurent ses dix fils, qui furent faits prisonniers. A la demande de Signy, les captifs furent enchaînés à une souche et abandonnés dans une forêt profonde où ils moururent l'un après l'autre, une louve sortant chaque nuit de sa tanière pour dévorer l'un des dix frères. Bientôt ne resta plus que Sigmund, mais Signy eut soudain une idée de génie : elle remit du miel à l'un de ses serviteurs en lui ordonnant d'en oindre le visage de son frère puis de lui verser le restant dans la bouche. Quand la louve revint, elle flaira le miel, commença à lécher les traits de l'ultime survivant, puis glissa sa langue entre ses lèvres pour laper le sirop : Sigmund mordit alors la bête, qui sauta si brusquement en arrière et s'arc-bouta des pattes sur la souche avec une telle force qu'elle la fit voler en éclats et s'arracha la langue jusqu'à la racine – après quoi la louve saigna à mort.

Une fois libéré, Sigmund se cacha dans les bois avec la complicité de Signy : ce fut là que tous deux ruminèrent leur revanche. Signy dépêcha d'abord ses deux fils vers son frère, en espérant qu'ils pourraient l'assister dans ses projets ; mais les garçons firent preuve d'une telle faiblesse d'âme que Sigmund les exécuta – curieusement, Siggeir ne parut pas remarquer la disparition de ses héritiers. Puis Signy décida de concevoir un fils qui saurait les aider à exercer leur vengeance : prenant l'apparence d'une avenante magicienne, elle rendit visite à son frère et coucha avec lui, donnant ensuite le jour à l'implacable Sinfiotli. (Ce thème du héros né d'amours incestueuses est traité aussi dans *La Walkyrie*.)

Le père entraîna le fils au maniement des armes, puis ils se dirigèrent ensemble vers le palais de Siggeir et s'y introduisirent en cachette. Les deux derniers enfants de Signy les ayant aperçus dans le vestibule, Sinfiotli les hacha menu avec son épée et dispersa leurs restes sanglants dans la grand-salle : cette fois, le léthargique Siggeir ne put éviter de réagir, et il ordonna donc que l'on s'empare des intrus. Après avoir vaillamment combattu, Sigmund et Sinfiotli furent capturés et aussitôt condamnés à périr au terme d'une lente et pénible agonie : on les conduisit jusqu'à un tertre de pierres et de tourbe où ils furent emmurés vivants. Mais Signy jeta une pièce de viande dans le tertre avant qu'il fût refermé : elle y avait dissimulé une épée. Les deux captifs s'évadèrent grâce à cette arme, puis ils mirent le feu au palais. Siggeir brûla vif, et Signy refusa d'abandonner son époux : comprenant qu'elle avait commis un acte impardonnable, elle préféra mourir elle aussi dans les flammes.

Ce conte cruel provient de sources inconnues, mais son origine est suggérée par deux vers qui expliquent comment Sigmund et son fils s'échappèrent de leur prison :

> Avec vigueur, ils découpèrent la dalle massive,
> Sigmund la tranchant avec son épée et Sinfiotli
> s'activant à ses côtés.

Cette citation semblerait indiquer que, ici comme ailleurs, la prose assez plate de l'auteur de la *Vǫlsunga Saga* paraphrasait un poème aujourd'hui perdu.

Sigmund et son fils-neveu regagnèrent ensuite les terres de leurs ancêtres par voie de mer, où le premier nommé monta sur le trône et s'unit à Borghild, qui lui donna deux autres fils dont l'un – Helgi – deviendrait célèbre. Ainsi s'achève le premier épisode de l'histoire des Völsungär.

La deuxième section de la *Vǫlsunga Saga* relate les aventures de Helgi et de son oncle Sinfiotli : le texte dédouble en partie le poème eddique intitulé *Premier Lai de Helgi, meurtrier de Hunding*, qui peut être complété par le matériel plus complexe du second lai consacré à ce même héros. Alors qu'il écumait les mers aux côtés de Sinfiotli, nous dit-on, le jeune Helgi attaqua et occit un roi appelé Hunding, puis refusa de verser les compensations exigées pour la mort de ce souverain : furieux, les fils de Hunding levèrent une armée et affrontèrent Helgi, qui leur infligea une sanglante défaite. Après le combat, le vainqueur aperçut un groupe de cavalières : c'étaient des Valkyries. L'une de ces guerrières, qui était princesse royale et se nommait Sigrun, se plaignit de son sort devant Helgi : son père, lui apprit-elle, l'avait promise en mariage à Hoddbrodd, roi faible et timoré. Helgi déclara aussitôt à la jeune femme qu'il lui éviterait cette mésalliance, et il agit en conséquence : il dirigea immédiatement sa flotte vers le royaume de Hoddbrodd, où une multitude de soldats le rejoignirent. Après avoir échangé de terribles insultes avec le chef de l'armée ennemie, Helgi se lança dans la bataille et anéantit ses adversaires avec l'appui des Valkyries, puis il épousa Sigrun – son nom n'apparaît plus ensuite dans la *Vǫlsunga Saga*, bien que le second lai décrive comment un certain Dagr tua Helgi pour venger la mort de son père.

Sinfiotli poursuivit sa carrière de pirate, et il rencontra quant à lui une femme séduisante qui était courtisée par le frère de Borghild, épouse de Sigmund. Quand il revint voir son père après avoir abattu ce rival, Sinfiotli fut très mal accueilli par Borghild, mais Sigmund insista pour qu'il reste néanmoins avec eux : il participa donc au festin de funérailles donné en l'honneur du frère de la reine, banquet au cours duquel Borghild servit les convives. Elle tendit d'abord une corne pleine à Sinfiotli, qui dit que la bière était trouble et refusa de la goûter : Sigmund vida la corne d'un trait, mais il ne risquait rien, son corps étant immunisé contre toute tentative d'empoisonnement. Borghild revint une deuxième fois à la charge : Sinfiotli remarqua que la bière était « trafiquée », et Sigmund avala encore une fois la boisson. Mais le troisième essai réussit. Sinfiotli dit cette fois : « Ce liquide contient du poison », et Sigmund, qui était déjà fort éméché, donna un très mauvais conseil à son fils : « Filtre-le donc à travers tes moustaches », lui lança-t-il ; Sinfiotli obéit à son père, puis tomba raide mort. Sigmund, brisé par le chagrin, emporta le corps jusqu'au rivage d'un fjord où il trouva un pêcheur (Odin, peut-être) qui avait une barque si petite qu'elle ne pouvait embarquer qu'un seul passager ; il plaça donc le cadavre dans l'embarcation, puis s'éloigna en longeant la rive du fjord : quand il se retourna, le bateau avait disparu. Il regagna alors son palais et bannit sa cruelle épouse, qui mourut peu après.

Sigmund se remaria avec Hiordis, également fille de roi. Lyngvi, son rival malchanceux, comptait parmi les fils de Hunding : ressentant cet échec comme la goutte d'eau qui faisait déborder le vase, l'amoureux éconduit décida de se venger de Sigmund et envahit le pays des Huns à la tête d'une armée. Sigmund se défendit courageusement en dépit de son grand âge, mais au plus fort de la mêlée apparut un personnage borgne et armé d'une lance, entouré d'une houppelande noire que surmontait un chapeau à bords flottants (Odin !). Cet homme se campa devant Sigmund, qui brisa son épée en l'abattant sur la lance dressée : la bataille tourna dès cet instant à l'avantage des assaillants, et Sigmund ne tarda pas à recevoir une blessure mortelle. (*La Walkyrie* comporte une scène similaire.)

Hiordis, qui était enceinte, avait été mise à l'abri avec le trésor royal. Sortant des bois où elle s'était cachée, elle erra au milieu des blessés et découvrit son époux en train d'agoniser : Sigmund, mobilisant ses dernières forces, prophétisa que le fils à qui elle donnerait le jour aurait une destinée glorieuse et lui ordonna de conserver précieusement les fragments de son épée pour les confier plus tard à leur enfant, puis il expira. Après quoi Hiordis se plaça sous la protection du fils du roi du Danemark, qui passait par là à la tête d'une bande de Vikings.

La troisième section de la *Vǫlsunga Saga* décrit les exploits du fils que Hiordis donna ensuite à Sigmund : nommé Sigurd (*Siegfried* chez Wagner), cet enfant deviendrait le plus grand des héros germaniques, et c'est à cette étape de la saga que la légende héroïque des Völsungär est rattachée au mythe divin du grand trésor incluant un anneau fatal. Sigurd, qui reçut une éducation princière à la cour du roi du Danemark, eut pour tuteur le forgeron Regin, qui nourrissait de vifs griefs contre son frère Fafnir : on a vu dans quelles circonstances Fafnir s'était métamorphosé en dragon pour surveiller l'or qu'il avait volé. Regin enseigna à son élève tout ce que devait savoir un jeune prince, mais il joua aussi un rôle plus pernicieux en essayant de le faire douter de la bienveillance de ses protecteurs – qui, demanda-t-il ainsi à Sigurd, détenait le légitime héritage royal qui lui était dû ? « Le roi du Danemark et son fils. » Mais Sigurd pouvait-il se fier à eux ? L'avaient-ils traité avec assez de générosité ? Pourquoi, par exemple, ne possédait-il pas encore de cheval ?

Sigurd répondit qu'on ne manquerait certainement pas de lui offrir une monture – ou n'importe quoi d'autre – dès qu'il en exprimerait la demande, et il alla de ce pas formuler ce vœu devant le roi, qui lui dit de choisir le meilleur cheval de son haras. Quand le jeune homme pénétra dans l'écurie royale, il aperçut soudain un vieillard borgne et barbu dont le visage lui était inconnu – l'histoire ne dit pas qui était cet homme, mais on le devine aisément : c'était Odin en personne – et qui le conseilla utilement ; ils choisirent ensemble une bête admirable (son père n'était autre que Sleipnir) qu'ils décidèrent de nommer Grani.

Regin, ensuite, attisa la convoitise de Sigurd en l'informant qu'il connaissait un endroit où était caché un trésor : dans une bruyère proche, lui expliqua-t-il, se tenait le repaire d'un dragon appelé Fafnir, lequel était couché sur un or qui ne demandait qu'à être conquis. Mais Sigurd ne pouvait terrasser ce monstre sans arme. Regin forgea donc une première épée qui se brisa dès que le garçon l'abattit sur l'enclume de son tuteur, puis une deuxième qui subit le même sort que la précédente ; si bien que Sigurd rendit visite à sa mère pour lui demander les morceaux du glaive de Sigmund. Avec ce métal merveilleux, Regin forgea une nouvelle lame qui se révéla aussi solide qu'acérée : quand il l'essaya, le héros non seulement fendit l'enclume jusqu'au billot, mais trancha en deux un brin de laine qui dérivait à la surface d'une rivière. Sigurd, dès qu'il entra en possession de cette épée, monta une expédition au cours de laquelle il occit les meurtriers de son père, puis il partit affronter Fafnir.

Accompagné de Regin, Sigurd se dirigea vers la tanière de Fafnir et repéra des traces au bord d'un point d'eau : le monstre les avait laissées en venant s'abreuver, et ces marques étaient si énormes que le héros en fut effrayé. Mais Regin intervint, conseillant à Sigurd de creuser une grande fosse sur le chemin qu'empruntait Fafnir, puis de s'y tapir afin de transpercer le ventre mou du dragon sitôt qu'il ramperait au-dessus de lui. Sigurd commença à préparer le piège, puis il fut interrompu dans sa tâche par un vieil homme (qui pouvait-ce bien être ?) qui lui suggéra de creuser plutôt une rangée de trous séparés et de se tenir dans l'un en faisant en sorte que le sang qui jaillirait de la plaie coule dans les autres ; Sigurd suivit cette recommandation, et il put ainsi porter un coup mortel à Fafnir sans être blessé par son sang empoisonné. Le poème eddique *Fáfnismál* (Dits de Fafnir) cite les paroles que le dragon agonisant échangea avec son vainqueur. Fafnir, notamment, rappela au garçon la malédiction qui pesait sur son trésor :

> L'or sonore, le trésor flamboyant,
> Les anneaux te mèneront à la mort.

Mais Sigurd ne se laissa pas intimider par cet avertissement, puisqu'il répliqua :

> Tout homme, quand son temps est accompli,
> Finit par rencontrer sa mort.

Regin, qui s'était prudemment éloigné du lieu du combat, revint dès que le monstre eut expiré, but un peu de son sang et lui arracha le cœur en demandant à Sigurd de le faire rôtir pour qu'il pût consommer sa chair : le jeune homme embrocha donc le cœur de Fafnir sur une branche et le fit cuire au-dessus d'un feu. Quand la viande commença à rendre du jus, Sigurd se dit que le cœur devait être cuit, et il le tâta de la main pour vérifier s'il était à point : se brûlant, il porta ses doigts à sa bouche pour les rafraîchir. Aussitôt que le sang de Fafnir toucha sa langue, Sigurd comprit le langage des oiseaux – des mésanges pépiant dans un arbre, il en entendit une première chanter :

> Là est assis Sigurd, de sang aspergé.
> Sur le feu il rôtit le cœur de Fafnir.
> Sage me semblerait ce semeur de l'anneau [le prince]
> S'il mangeait le cœur chatoyant du serpent.

Puis d'autres oiseaux se joignirent au concert, révélant la perfidie de Regin et conseillant au jeune homme de trancher la tête du traître, de s'emparer de toutes les richesses du dragon et d'aller écouter les sages enseignements de la Valkyrie Brynhild, qui dormait d'un sommeil enchanté sur la montagne de la Biche. Sigurd, aussitôt après avoir entendu ces chants, dégaina son épée et décapita le forgeron, après quoi il mangea une partie du cœur de Fafnir, emballa le reste pour l'emporter, enfourcha Grani et suivit les traces du monstre jusqu'à sa tanière, où il trouva tant de trésors que deux ou trois chevaux ordinaires n'eussent pas réussi à les porter ; mais Grani ne refusa pas ce bât : bien que chargé de tous ces trésors, il s'ébranla dès que son maître sauta en selle.

L'histoire de Sigurd, jusque-là assez simple, tend ensuite à s'embrouiller, car le héros ne rencontrera pas seulement la Valkyrie : deux maîtresses femmes, Brynhild et Gudrun, sa future épouse, apparaîtront en même temps dans sa vie et se disputeront son amour. Et cette confusion est aggravée par les divergences des traditions : les sources sont si disparates qu'il n'est pas facile de reconstituer un récit cohérent. Selon la *Vǫlsunga Saga*, Sigurd chevaucha jusqu'à la montagne de la Biche, où il aperçut au loin de hautes flammes qui entouraient une forteresse : il franchit cette enceinte, puis découvrit un guerrier allongé qui dormait à poings fermés. Il tira alors son épée de son fourreau, découpa l'armure du gisant aussi facilement que si elle avait été en soie, et vit que ce guerrier était une guerrière : c'était la Valkyrie Brynhild, qu'Odin avait plongée dans un sommeil magique pour la punir de sa désobéissance. Sigurd, après avoir éveillé la dormeuse, fut très vite séduit par sa beauté et son intelligence : il tomba amoureux de Brynhild, elle s'éprit de lui, et tous deux se jurèrent une foi mutuelle.

Puis tout se complique. Sigurd chevaucha (pourquoi ce départ ?) jusqu'à la demeure de Heimir, père adoptif de Brynhild, où son magnifique équipage fit sensation.

Brynhild séjournait chez Heimir (comment y était-elle arrivée ?), et Sigurd lui déclara de nouveau son amour ; mais la jeune femme répondit cette fois qu'elle était Valkyrie et n'était heureuse que quand elle combattait : le sort, apprit-elle alors à son soupirant, ne leur avait pas assigné de vivre ensemble, puisqu'il finirait par épouser Gudrun, fille de Giuki. Répliquant que cela n'arriverait jamais, Sigurd échangea de nouveaux serments de fidélité avec Brynhild, après quoi il lui offrit un anneau d'or : c'était l'anneau maudit.

Mais un autre passage nous transporte chez le roi Giuki, qui régnait « au sud du Rhin ». Ce souverain, époux de la sorcière Grimhild, avait quatre enfants. Ses trois fils se nommaient Gunnar, Hogni et Guttorm, tandis que sa fille s'appelait Gudrun. Brynhild, présentée ici comme l'amie de la princesse, est d'abord consultée par Gudrun, qui lui demande d'interpréter l'un de ses songes : la fille de Giuki s'entend alors prédire qu'elle épousera Sigurd, mais endurera également la détresse de le perdre.

Sigurd se présenta devant le château de Giuki avec tous ses trésors : le roi l'accueillit chaleureusement, et sa femme Grimhild ne tarda pas à mesurer tous les avantages qu'un tel parti garantirait à sa famille. Bien entendu, l'amour que le héros portait à Brynhild faisait obstacle à ces projets matrimoniaux, mais la reine résolut le problème en faisant boire à Sigurd un philtre qui lui fit oublier la belle Valkyrie. Puis Giuki s'assura le soutien de Sigurd en lui proposant d'épouser sa fille Gudrun, ce à quoi Sigurd consentit avec d'autant plus d'empressement qu'il ne se souvenait plus du tout de son ancien amour. Une noce splendide fut aussitôt célébrée, et Gunnar, Hogni et Sigurd scellèrent cette alliance en se déclarant solennellement frères de sang. Après quoi tous partirent ensemble se livrer à des actes de piraterie qui leur procurèrent un riche butin ; et Sigurd remit aussi le reste du cœur de Fafnir à Gudrun, « qui devint après l'avoir mangé encore plus cruelle qu'avant, en même temps que plus sage ».

Là-dessus, Gunnar songea lui aussi à prendre femme : il décida de courtiser Brynhild, et Sigurd accepta de lui prêter son assistance. Sachant que la Valkyrie ne voudrait pas d'autre époux que l'homme qui aurait su traverser le cercle de feu qui entourait sa demeure, Gunnar tenta l'épreuve, mais son cheval n'osa pas braver les flammes ; il pria donc Sigurd de lui prêter Grani, qui refusa d'avancer avec lui sur son dos. Si bien que l'un et l'autre « échangèrent leurs apparences » (comment firent-ils ? je me le demande). Sigurd, ayant pris les traits de Gunnar, enfourcha Grani et réussit à franchir la muraille ardente. A l'intérieur de la forteresse se tenait Brynhild, revêtue d'une armure majestueuse et coiffée d'un heaume splendide. Sigurd, *alias* Gunnar, lui annonça qu'il venait de chevaucher les flammes, et qu'elle était tenue par conséquent de lui accorder sa main ; elle accepta et l'invita à partager sa couche, où ils dormirent sans se toucher, leurs deux corps étant séparés par l'épée du champion. Après quoi Sigurd/Gunnar lui reprit le grand anneau d'or qu'il lui avait précédemment offert et lui en donna un autre à la place, puis il traversa la barrière de feu dans l'autre sens et alla retrouver Gunnar, avec qui il échangea de nouveau son aspect. Lorsque les noces furent célébrées, Sigurd se souvint soudain de la Valkyrie à la fin du banquet, mais il se tint pourtant coi – c'était trop tard, Brynhild avait épousé Gunnar.

Peu après, Brynhild et Gudrun se querellèrent à propos de leurs prérogatives mutuelles. La première ayant affirmé que son époux avait accompli une prouesse sans égale pour la conquérir, la seconde lui révéla toute la vérité : à savoir que c'était Sigurd qui avait franchi les flammes à cheval sous l'aspect de Gunnar, et que la preuve en était ce grand anneau qu'elle portait maintenant au doigt. Brynhild, quand elle reconnut au doigt de Gudrun l'anneau qui lui avait été enlevé, blêmit de rage et s'en alla sans mot dire, puis elle jura de se venger de tous ceux qui l'avaient trahie : de Sigurd et de Gudrun, l'homme et la femme qui lui avaient valu cette humiliation, mais aussi de Gunnar, son mari, qui l'avait séduite grâce à ce subterfuge ; et même les tendres explications de Sigurd n'apaisèrent pas son courroux.

Brynhild, ensuite, excita son mari contre Sigurd,

lui laissant entendre qu'il était périlleux d'avoir un combattant si éminent pour beau-frère et le menaçant de l'abandonner s'il n'agissait pas :

> Là où naguère j'étais, je vais m'en retourner,
> Afin de retrouver mon père et toute sa parentèle.
> Là je demeurerai, passant ma vie à dormir,
> A moins que de Sigurd tu ne provoques la mort
> Pour de tous les princes devenir le plus grand.

Gunnar fut bien embarrassé : il ne pouvait pas faire de mal à son frère de sang, mais il ne désirait pas moins s'approprier son trésor. Et la position de Hogni était tout aussi délicate : il s'était lié également à Sigurd par des serments solennels, et répugnait encore plus à les rompre que Gunnar. Mais Gunnar eut une idée brillante : pourquoi leur jeune frère Guttorm ne se chargerait-il pas du meurtre ? Comme on l'a vu, lui n'était pas engagé par ce pacte sacré. Les deux frères exhortèrent donc leur cadet à tuer Sigurd en lui offrant de l'argent et de grands pouvoirs, après quoi ils l'ensorcelèrent en lui donnant à manger un mélange ignoble de serpent et de viande de loup, Grimhild ajoutant encore sa force de persuasion à ces charmes : si bien que Guttorm accéda à leur requête.

Sigurd, allongé sur son lit, ne soupçonnait pas la félonie qui se tramait. Guttorm s'introduisit à deux reprises dans sa chambre et rebroussa chaque fois chemin, effrayé par le regard terrible que lui jeta le héros. Mais, la troisième fois qu'il entra, il trouva Sigurd endormi et le transperça de son glaive ; le coup réveilla le dormeur, qui saisit son épée et la lança en direction de Guttorm alors qu'il courait vers la porte : l'atteignant au niveau de la taille, la lame le coupa en deux de telle sorte qu'une partie de son corps retomba dans la pièce et une autre à l'extérieur. Gudrun, qui dormait dans les bras de son époux, se réveilla trempée de sang et laissa libre cours à son chagrin, puis Sigurd expira, accusant Brynhild d'être la cause de ce forfait, mais reconnaissant en même temps que ce qui s'était accompli n'aurait pu être évité. Brynhild, qui éclata de rire quand elle entendit les lamentations de Gudrun, s'empressa de faire comprendre à Gunnar toutes les implications de ce meurtre : désormais, Sigurd ne serait plus aux côtés des deux frères lorsqu'ils iraient à la bataille. Puis elle attenta à ses jours pendant qu'on préparait les funérailles : elle demanda seulement à brûler sur le bûcher en même temps que Sigurd, une épée dégainée – la même que celle qui les avait séparés cette nuit où ils avaient partagé un même lit – étant placée entre eux. Ainsi finit donc cet illustre héros, au terme d'une vie marquée au coin de la gloire, du péril et de la traîtrise. (Les admirateurs de Wagner reconnaîtront ici maints motifs de *Siegfried* et du *Crépuscule des dieux [Götterdämmerung]*.)

Les derniers chapitres de la *Vǫlsunga Saga* décrivent l'épouvantable destinée de Gudrun, après la mort de son époux. Après s'être cachée un moment dans une forêt, elle s'exila pendant plusieurs saisons au Danemark, où ses frères finirent par la découvrir et vinrent lui remettre des présents pour la dédommager des torts qu'elle avait subis ; elle se méfia d'abord de leurs belles paroles, mais Grimhild la força à boire une boisson maléfique qui lui fit oublier toutes ses doléances ; puis, sitôt la réconciliation scellée, sa mère et ses frères eurent le mauvais goût de la remarier contre son gré au roi Atli, frère de Brynhild. Or Atli ne tarda pas à convoiter le trésor de Sigurd : il convia donc Gunnar et Hogni à lui rendre visite en leur laissant entendre qu'il comptait leur léguer son royaume, alors qu'il voulait seulement les contraindre à lui remettre le magot. Gudrun tenta de prévenir ses frères du danger qu'ils couraient, mais ses avertissements ne furent pas écoutés : alléchés par cette proposition mensongère, Gunnar et Hogni acceptèrent l'invitation de leur beau-frère et voguèrent vers ses terres. La perfidie du roi leur fut révélée dès qu'ils accostèrent, mais ils ne reculèrent pas : chevauchant hardiment jusqu'au palais d'Atli, ils livrèrent une rude bataille aux côtés de Gudrun, qui passa une armure et combattit l'épée à la main dès qu'elle vit à quel point on malmenait ses parents. Une terrible hécatombe s'ensuivit, mais Gunnar et Hogni furent finalement capturés et mis aux fers.

Une offre fut faite à Gunnar : qu'il dise où le trésor était caché, et sa vie serait épargnée ! Comme il répondit : « Il faudra d'abord que je voie le cœur tranché de mon frère Hogni », les hommes d'Atli tentèrent de le tromper en lui apportant le cœur tremblant d'un esclave couard ; mais il ne se laissa pas duper : jamais le cœur de son vaillant frère n'aurait frémi ainsi ! Alors les soldats allèrent arracher le cœur de Hogni, qui s'esclaffa pendant qu'il souffrait ce tourment, et le montrèrent au prisonnier. Reconnaissant ce muscle sanglant comme celui de son frère, il dit : « Maintenant, je suis le seul à savoir où est l'or, car Hogni ne peut plus vous le dire. J'étais dans l'incertitude tant que tous deux nous vivions, mais la décision, désormais, n'appartient plus qu'à moi : "Longtemps le Rhin gardera cet or avant qu'il brille sur les armes des Huns." »

Atli punit ensuite Gunnar en le faisant jeter, mains liées, dans une fosse pleine de serpents venimeux. Gudrun lui ayant fait parvenir une harpe, il charma tous les reptiles en pinçant les cordes de l'instrument avec ses orteils, à l'exception d'une hideuse vipère : elle se jeta sur lui et lui infligea une morsure mortelle.

Atli et Gudrun avaient tous les deux des morts à pleurer, et le roi pensa se réconcilier avec son épouse en donnant un grand banquet de funérailles. Mais Gudrun trancha alors le cou des deux fils qu'elle avait eus d'Atli, monta leurs crânes en coupes et lui servit leurs cœurs à manger en lui faisant boire leur sang mêlé à du vin ; après quoi elle révéla à son mari ce qu'elle venait de faire, le poignarda avec l'aide du fils de Hogni et mit le feu à son palais – pouvait-on s'attendre à moins de sauvagerie de la part d'une femme qui s'était repue du cœur d'un dragon ?

Mais Gudrun n'était pas encore parvenue au bout de ses malheurs. Son adorable fille Svanhild, promise en mariage au vieux roi Iormunrek, fut en effet soupçonnée d'infidélité par son fiancé, qui la fit piétiner à mort par ses chevaux : pour la venger, les derniers fils de Gudrun se saisirent de Iormunrek et lui coupèrent les bras et les jambes, mais ils périrent eux aussi sous les jets de pierres des hommes de sa garde, à qui le vieux souverain avait avant de mourir crié de les lapider. Quant à l'or maudit provenant de l'héritage de Fafnir, Snorri écrit qu'il était caché dans les eaux du Rhin à l'époque de ces événements : il reposa dans ce fleuve, « et ne fut jamais retrouvé par la suite ».

Conseils de lecture

L'étude des mythes nordiques est une tâche délicate qui n'a pu être présentée dans ces pages que sous un angle très simplifié. Même les sources que j'ai évoquées sont plus complexes que je ne l'ai laissé entendre : il existe de nombreuses variantes, tant dans les lectures des textes que dans leurs traductions ou interprétations, et je n'ai eu d'autre ambition, ici, que de brosser un tableau général.

Les lecteurs qui souhaiteront approfondir ces questions pourront lire le texte intégral de l'*Edda* de Snorri dans l'excellente traduction en anglais de A. Faulkes intitulée *Snorri Sturluson : Edda* (Londres, 1987) : le travail de Faulkes fait autorité pour son exactitude et sa fidélité à l'original, et l'on peut tout au plus regretter que cette précision même nuise quelque peu à la lisibilité de l'ensemble. Aucune traduction équivalente de l'*Edda poétique* n'a été encore effectuée, malgré de nombreuses tentatives. Tout dernièrement, W. H. Auden et P. B. Taylor ont publié une compilation intitulée *Norse Poems* (Londres, 1981) : cet ouvrage a le mérite de réunir la plupart des poèmes eddiques, bien que le regroupement des vers soit souvent aussi idiosyncrasique que les antiques réorganisations des *Hávamál*. Pour ce qui est de ce texte si important, mieux vaut sans doute le lire dans la version et la traduction déjà datées de D. E. Martin Clarke publiées sous le titre *The Hávamál* (Cambridge, 1923). Et peut-être connaît-on aussi l'édition intégrale de l'*Edda poétique* due à H. A. Bellows et L. M. Hollander : je ne la cite que pour mémoire, ses qualités étant pour le moins contestables.

Les vers des scaldes sont difficiles à traduire, car leur vocabulaire aussi bien que leur construction posent des problèmes redoutables à qui tente de les rendre dans nos langues modernes. Néanmoins, certains des poèmes que je mentionne ont été édités par E. O. G. Turville-Petre dans sa *Scaldic Poetry* (Oxford, 1976) : la traduction est précédée d'une savante introduction. Le texte original de l'*Ynglingasaga* a été traduit par L. M. Hollander dans *Heimskringla : History of the King of Norway* (Austin, Texas, 1964) : les éditions Everyman's Library ont réédité récemment cet ouvrage commode en dépit de ses formulations un peu trop désuètes. Une traduction très utile des *Gesta Danorum* de Saxo Grammaticus est disponible également en plusieurs volumes : on lira avec profit la première partie de cette œuvre, intitulée *Saxo Grammaticus : The History of the Danes* (Cambridge, 1979) et traduite par Peter Fischer. Une version sérieuse de la *Vǫlsunga Saga*, accompagnée d'une traduction et d'une introduction satisfaisantes, a été éditée par R. G. Finch dans sa *Saga of the Volsungs* (Edimbourg et Londres, Nelson's Icelandic Texts, 1965), tandis que les quatre poèmes qui ont inspiré les derniers épisodes de cette saga sont cités dans le premier tome (*Heroic Poems*, Oxford, 1969) de la *Poetic Edda* publiée par U. Dronke – mais encore faut-il signaler que la traduction de Dronke est parfois un peu trop « poétique » : ce n'est pas toujours le cas de ces poèmes !

Une bonne introduction à l'étude moderne de la mythologie nordique a été rédigée par C. J. Clover et J. Lindow dans le premier chapitre (« Mythology and Mythography ») de leur *Old Norse-Icelandic Literature : A Critical Guide* (Ithaca, Cornell, 1985), et les chapitres suivants de ce livre éclairent également l'arrière-plan littéraire de maints de mes propos. Concernant la littérature médiévale postérieure, les *Eddas and Sagas* de J. Kristjánsson, traduites par P. Foote (Reykjavík, 1988), proposent de précieux synopsis des œuvres tout en faisant le point sur l'état actuel des recherches. Le lecteur germaniste pourra parcourir le travail classique de J. de Vries intitulé *Altgermanische Religionsgeschichte* (Berlin, 2e éd. 1957, 2 vol.). En langue anglaise, la meilleure étude générale de la mythologie nordique reste celle de E. O. G. Turville-Petre dans son *Myth and Religion of the North : The Religion of Ancient Scandinavia* (Londres, 1964), en dépit des multiples erreurs typographiques ou incohérences qui entachent ce travail. Enfin, je ne puis que recommander la lecture du texte de Georges Dumézil intitulé *Les Dieux des Germains : essai sur la formation de la religion scandinave* (Paris, PUF,

1959), même si les perspectives de cet auteur me semblent parfois critiquables.

R. I. P.

*

Le traducteur se permet de signaler les ouvrages suivants, dont la lecture lui a été très utile :

Jorge-Luis Borges, *Essai sur les anciennes littératures germaniques*, Paris, Christian Bourgois, 1966.

Régis Boyer, *L'« Edda poétique »*, Paris, Fayard, 1992.

– *La Poésie scaldique*, Paris, Editions du Porte-Glaive, 1989.

– *La Saga de Sigurdr ou la Parole donnée*, Paris, Le Cerf, 1989.

– *Les Vikings*, Paris, Plon, 1992.

Snorri Sturluson, *L'« Edda » : récits de mythologie nordique*, Paris, Gallimard, 1991 (traduit du vieil islandais, introduit et annoté par François-Xavier Dillmann).

Et aussi :

Marcel Schneider, *Wagner*, Paris, Ed. du Seuil, « Points Musique », 1989.

Index

Table

Les Éditions Points s'engagent pour la protection de l'environnement et une production française responsable

Ce livre a été imprimé en France, sur un papier certifié issu de forêts gérées durablement, chez un imprimeur labellisé Imprim'Vert, marque créée en partenariat avec l'Agence de l'eau, l'ADEME (Agence de l'environnement et de la maîtrise de l'énergie) et l'UNIIC (Union nationale des industries de l'impression et de la communication).

La marque Imprim'Vert apporte trois garanties essentielles :

- La suppression totale de l'utilisation de produits toxiques
- La sécurisation des stockages de produits et de déchets dangereux
- La collecte et le traitement de produits dangereux

RÉALISATION : PAO ÉDITIONS DU SEUIL
IMPRESSION : NORMANDIE ROTO IMPRESSION S.A.S À LONRAI
DÉPÔT LÉGAL : JUILLET 2023. N° 153091-2 (2400582)
Imprimé en France